模型理论 2
——时空对数法则

孙国生 著

山西出版传媒集团
山西人民出版社

图书在版编目（CIP）数据

模型理论. 2，时空对数法则 / 孙国生著. -- 太原：山西人民出版社，2018.5
ISBN 978-7-203-10195-6

Ⅰ. ①模… Ⅱ. ①孙… Ⅲ. ①股票投资－经济模型－经济理论 Ⅳ. ①F830.91

中国版本图书馆CIP数据核字(2018)第057644号

模型理论2：时空对数法则

著　　者：孙国生
责任编辑：贺　权
复　　审：傅晓红
终　　审：员荣亮

出 版 者：山西出版传媒集团·山西人民出版社
地　　址：太原市建设南路21号
邮　　编：030012
发行营销：0351-4922220　　4955996　　4956039　　4922127（传真）
天猫官网：http://sxrmcbs.tmall.com　　电话：0351-4922159
E-mail　：sxskcb@163.com　　发行部
　　　　　sxskcb@126.com　　总编室
网　　址：www.sxskcb.com

经 销 者：山西出版传媒集团·山西人民出版社
承 印 厂：三河市祥达印刷包装有限公司

开　　本：710mm×1000mm　1/16
印　　张：15
字　　数：240千字
印　　数：1-5000册
版　　次：2018年5月第1版
印　　次：2018年5月第1次印刷
书　　号：ISBN 978-7-203-10195-6
定　　价：198.00元

如有印装质量问题请与本社联系调换

推荐序 1

戴若·顾比

> 戴若·顾比是国际著名的金融技术分析专家,经常做客 CNBC,被誉为"图表先生"。他是《股票交易》《趋势交易》《股市投资 36 计》的作者。他开发的几种领先的技术分析指标被世界各地很多市场的投资者广泛应用。

The series of books "Model Theory" mentions the important differences between numbers and patterns. It suggests that Western thinking is more concerned with numbers and Eastern thinking is more concerned with patterns. I am a western trader but my trading decisions are based on patterns of behaviour. This is the great truth of the market. The market data and information is made up from numbers, but these numbers capture the psychological behaviour of the participants in the market. The market is not really made of numbers, it is made of people. The numbers are just a record of behaviour. Understanding how the people behave is the key task for investors and traders in the financial markets.

However, numbers in the form of algorithms can be used to track and understand the behaviour of groups of individuals. This is now an essential part of the modern model theory of the market. We hear of the terms Big Data in the common marketplace, but Big Data has been the foundation of financial market technical and chart analysis for centuries. The early candlestick charts created by Japanese rice traders capture the extremes of human emotions

and behaviour in the price activity. They looked at the aggregate of market behaviour – the Big Data – and used this to understand the behaviour of the market participants. Understanding this behaviour is the first step towards understanding the potential future behaviour of market participants.

Modern thinking has advanced our understanding of this market and economic model. The series of books "Model Theory" looks at this in interesting detail. It surveys the achievements of other economic model masters from Karl Marx and Adam Smith to Keynes. This series of books comes at an interesting time because following the Global Financial Crisis in 2008 the operation of the financial markets has changed. There is a desperate need for a new understanding and development of new models to better understand and explain the new market behaviour. The behaviour has been complicated by the growth of derivative trading instruments so the connection between the individual and the market is distorted. The structure of satisfying supply and demand has changed. We need to develop new models to understand this new market condition. This series of books is an important step in developing this understanding.

"模型理论"系列丛书讲到了数和形两者间的重要区别，它谈到西方的思维更关注数，而东方的思维更关注形。而作为一个西方交易者，我的交易决策却都是建立在交易行为的形态基础之上——形态是市场的实质。市场数据和信息是由数所构成的，但是这些数字反映的是市场参与者的心理行为。市场真的不是由数字构成的，而是由人构成的，数字只不过是行为的记录而已。对于金融市场中的投资者和交易者来说，关键是要理解人的行为。

然而数字运算可以用来追踪和理解群体的行为，这是当前市场模型理论的基本组成部分。我们都听过应用于大众市场的"大数据"这个词，但是几个世纪以来，大数据已然成为金融市场技术分析和图表分析的基础了。早期由日本米商所创设的K线图捕捉的是人类情感在价格活动中的极值和行为。他们观察市场行为的综合表现（大数据）并以此来了解市场参与者的行为，而这正是理解市场参与者潜在的未来行为的第一步。

现代思维扩展了我们对市场和经济模型的理解，"模型理论"系列丛书对此作了生动的描述，该书把卡尔·马克思、亚当·斯密到凯恩斯这些经济模型大师的成果进行了调查和汇总。因为在经历了2008年的全球金融危机之后，金融市场的操作已然发生了改变，所以这套书问世的时间很令人关注，此时亟须一种对新模型的理解和发展，以更好地理解和解释新的市场行为。随着衍生交易工具的发展，市场行为也日趋复杂，所以个体和市场之间的关联被扭曲了。满足供求关系的结果也发生了变化。我们需要发展新的模型来理解这个新的市场状况。这套书在这方面迈出了重要的一步。

推荐序 2

杰瑞米·杜·普莱西斯

> 杰瑞米·杜·普莱西斯，《点数图指南》的作者。

I first met Mr. Sun in June 2016 at the Bogu International Investment Forum he was hosting. I soon realized that he is a respected master of stock market forecasting with a huge following across China and beyond. He has trained thousands from well-known institutions and universities in the art of market analysis. Using the techniques explained in this book, he has predicted the turning points in the Shanghai Composite index with precision.

The theory in this book was found for the first time on China's Stock Market, so is important for all who trade and invest in the market. It's about Mr. Sun's Model Theory. As I started to read, I became more and more intrigued by the concept. I am a technical analyst, so I believe in the power of charts, but Model Theory has opened my eyes because it uses mathematical formulas and logical rules to make forecasts.

Whereas most theories are either quantitative or qualitative, Model Theory makes its forecasts using both quantitative analysis of historical data based on mathematical formulas, as well as qualitative analysis based on patterns. It is what Mr. Sun calls the prediction of time and space. There is no vagueness in the Model Theory, it predicts highs and lows with mathematical precision.

But I am being simplistic about this groundbreaking subject. The only way you are going learn more and profit from Model Theory is to turn the page and start reading this fascinating book. You won't regret it.

我第一次见到孙先生是在 2016 年 6 月，在他举办的博股国际投资论坛现场。我很快意识到，他是一位受人尊敬的股市预测派大师，在中国甚至海外有着数量庞大的追随者。他在知名机构以及大学里给上万人培训过市场分析的艺术，同时他用这本书中阐述的技术知识，精准预测了上证指数的转折点。

这本书中所阐述的关于中国股市的理论，我还是第一次看到，所以模型理论对那些在市场中交易和投资的人们来说是意义重大的。当我刚开始阅读孙先生的《模型理论》时，对他书中概念的兴趣不断加深。我是技术分析者，所以我相信图表的力量，但是《模型理论》开拓了我的视野，原因在于它是使用数学公式和逻辑规则进行预测的。

现有的大多数理论是定量或者定性的，而《模型理论》做出的所有预测，既有对基于数学公式的历史数据做定量分析，也有基于图形形态的定性分析——孙先生称之为时空预测。《模型理论》中没有含糊其词的表述，有的都是高低点的精准测算。

但我只是简单描述了这个开创性的课题。如果你想了解更多，或者想从《模型理论》中获利，唯一的途径就是翻开它，开始阅读这本很棒的书。选它，你不会后悔。

推荐序 3

拉瑞·威廉姆斯

> 拉瑞·威廉姆斯是威廉指标（W&R）的创始人，也是当今美国著名的期货交易员、作家、专栏编辑和资产管理经纪人。他曾获得罗宾斯杯期货交易冠军赛的总冠军——在不到十二个月的时间里使1万美金变成了110万美金。拉瑞·威廉姆斯就职于美国国家期货协会理事会，并曾在蒙大拿州两次竞选国会议员。在过去的25年里，他是始终被公众追随的优秀投资顾问之一，曾多次被《巴伦斯》《华尔街日报》《福布斯》《财富》专访。著有《未来的繁荣时光》《短线交易秘诀》等书籍。

Here's a book with a new and unique slant on how to become a successful trader. My friend Mr. Sun will open your mind to new thoughts, cement old ones and help you become a better trader. Some books we just skim through; this one you want is to be read.

这本书以全新而独特的视角，告诉你如何成为一名成功的交易者，我的好友孙先生将使你开拓思维，展开新思想，巩固旧知识，帮助你成为更优秀的交易者。有些书涉猎即可，而此书将让你百看不厌。

别着急！先看序，再学习

孙国生

当您即将阅读本书的时候，我强烈建议您先看完了我的序再开始，否则就像系扣子，一开始就错了，而你还坚持到最后才发现。实际上读一本书更是这样，不要在好奇心的驱使下"鲸吞"这本书，看完才发现不是你的菜，鞋不合脚。鞋合不合脚需要知道鞋的结构和尺码，人和人之间的区别往往是认知的不同，人们虽然喜新厌故、喜慧厌拙，但对于未知的事物还是过于草率，根据经验和主观判断做出评价。我衷心希望此书能让你清俗肠，醒倦眼。为了高效率地阅读，先弄懂这几个问题：模型理论是什么，不是什么？模型理论能学什么，不学什么？模型理论该用什么，不用什么？

模型理论是什么，不是什么？

七年前我开始萌发写模型理论的想法，当时是苦于阅读股票书的困惑。本人虽不至嗜书如命，也是日不绝书，坚信人的智慧大都来自前人的积累，没有人是完全的独创，悟者比我多读两本书而已。在这种心理作用下，我大量阅读中外投资经典，从开始的如饮神浆聆天乐，到最后的如吃残食嚼白蜡，要么复杂到没有用，要么简单到不管用，要么大讲投资心灵鸡汤，要么全篇理念冗长，实战百困，时常抱影衔思，忽忽不知所属。最后一总结，道理全懂，方法不通。

对于一个世界观恒定的人来说，方法论是泥泞路上的踏脚石，汪洋海中的多面帆，虽遇变幻而总能过关。在这样的背景下，我决定将

模型理论 2

时空对数法则

股市多年来的方法论摘其优、汇成集，写一些法外法、声外声、韵外韵，而这些方法里我优选的是预测方面的知识，我认为所有人的所有决策都来自对事物本身的预测，褒贬喜好、弃取存留，无不如此。投资失败不在于看不懂股市的变幻无常，而是在无常发生时，错误决策，当然更多的时候是不决策，导致不能跟踪趋势发展。错误决策和不决策都是源于对未来预测的失误，所以我把预测放在首位。我认为股市投资逻辑是分析→预测→决策→交易，因此模型理论是在投资者已经具备技术分析轮廓基础上学习的。当然，预测比分析难得多，分析是对历史的总结，预测是对未来的判断，总结自然要比判断简单一些。

综上所述，可以回答模型理论是什么、不是什么了。

模型理论是什么？

模型理论是时空预测的方法集，是数形分析的逻辑式，是量化交易的基础库。

模型理论不是什么？

模型理论不是分析工具，不是奇技淫巧，不是传统技术。

模型理论能学什么，不学什么？

在模型理论上一次出版后，反馈的评价不一。有的人觉得作者顾盼伟然，技冠群书；有的人觉得微于缕黍，空洞玄虚；有的人阅后认为是丽典新声，采知获秘；有的人阅后顿感獭祭诗书充著作；有的人学后雷转霆鞠，神鹰掣鞲；有的人学后兔起鹘落，仰天笑而冠缨绝……为什么会出现这样的悬殊呢？我觉得这就是读者没有知其然，所以更不知其所以然的结果。读书不求解，如訾食不肥体。阅读不能改善交易行为，那就是尝鲜式阅读，猎奇过后反生悔意。其实，读书如品茶，一次不为佳，往往在两三泡时，才能体会茗香通窍。书籍，尤其是方法类的书籍，更是如此，一读蠲愁，再读释疑，三读去疾，没有这么三次品读，恐难得其精要。

模型理论是系列书籍，每一册研究的深度不同、方向不同。第一册重点讲解了台阶模型、独立波模型和四段五点模型，它们都属于空间模型，让我们知道结构背后的价格，价格背后的规律，规律背后的模型，它们一直像一只无形的手，左右着市场的走势。为了增加可读性，渲染精确率，有些案例十分完美，接近于神奇，大盘一个点不差，个股一分钱无缺，但实际过程中并非每只如此、每次如此。简单的方法都有其局限性，不可能放之四海而皆准，凡是书籍都会找典型，抓样板。你在书籍中能看到的是官渡之战、淝水之战等精彩的以少胜多案例，而大量的以多胜少则不会被作为经典口口相传，因为这是常识。股市的预测也是这样，不要因为几次的精确而震撼，也不要因为偶尔的失误而抓狂，因为接受股市就是接受不完美，股市是科学与艺术的结合，既有必然性，也有偶然性。

综上所述，可以回答模型理论能学什么、不能学什么了。

模型理论能学什么？

模型理论能学结构规律的公式，逻辑推理的过程，反复运算的验证。

模型理论不能学什么？

模型理论不能学不差分毫的顶底，屡战屡胜的交易，未卜先知的箴言。

模型理论该用什么，不该用什么？

我遇见过一些投资者学习了模型理论后，就变成了大仙，总喜欢在人前卖弄自己的预测，总是鼓吹某次某时、某底某顶都精确地预测到了，听起来似乎每次他都能抄底卖顶，但实际上把精力都用到了预测上，自己操作得一塌糊涂；还有一些投资者用模型理论的方法做过几次漂亮的波段，就觉得天下无敌，不管趋势的方向，博取得不偿失的微利，实难称为智者。就在前几日，一位老者告诉我，只要有百分之三的波动他都会操作，还说今年都赚了3倍了，我听后说了一句话："你比我强，你这样能持续吗？"

我不希望读者学完模型理论后变得更贪婪，更不自知。模型理论是追求理性的交易，你学模型愈久愈理性，不在疯狂时欢喜，不在绝望时沮丧。要随着对模型理论的深入了解，多方求证，学积而备于前，智浚而行于捷，也就是提前准备，行动迅捷，没有提前准备就不能防患于未然，没有行动迅捷就是空学误己。

综上所述，可以回答模型理论该用什么、不该用什么了。

模型理论该用什么？

模型理论该用公式而计算，该用计算而验证，该用验证而交易。

模型理论不该用什么？

模型理论不该用来当大仙，不该用来反趋势，不该用来博微利。

最后的最后

世间之法有先易后难和先难后易，重点不是开始而是结果，先易后难的结果往往是越来越难，先难后易的结果是越来越易。模型理论就属于先难后易的方法，喜欢模型者多为重视结果者，艰难的开始，曲折的过程，都是为了美好的结果。世间没有万能药、千灵丹，只有百宝箱，一把钥匙开一把锁，一个方法解一处难，只有把百宝箱都备满了，才能应付各种跌宕起伏。模型理论不仅仅是操作模型，更多的是预测模型，当大家去学习这些预测方法的时候，一定要知道预测的三个规律，第一，预测难免失误，你必须接受这一点，预测没有那么简单，否则你就不会一直学习了，股票市场是受多重因素影响的，所以预测失误也总是会发生；第二，不是精准而是接近，预测之前可以精准，但是市场验证的时候，接近就可以了，没有人能准确无误地预测每一次涨跌，预测是推断市场的各种可能性的方法，所有的抉择都是一种预测；第三，指数预测会比个股预测要可靠一些，在股票市场个股走势更容易被操纵，而指数相对而言更稳定，无论采取哪一种预测方法，指数预测的可靠性要大于个股预测的可靠性。所谓的预测都是基于大量的数据统计和客观走势规律来的，都是一种概率游戏，随着科技的进步，这种概率也会提升，也就是"大数据"的概念，所谓的智能也不过是基于某个模型的预测，我们应该秉持着好奇和质疑的态度，不断将其完善，而不是迷信和守旧。

模型理论是系列书籍（现已写到第六册），每一册都有不同的市场模型，深度也是逐步加强，需要读者对各种方法灵活运用，在此过程中遇到问题，可以发邮件到模型理论解疑邮箱（moxinglilun@163.com），也可以在模型理论公众号上留言。当然，您也可以买一套相关的软件，这样可以省去大量计算的时间。详情可登录中国弘历集团官网了解（http://www.hl1998.com）。让我们以此为开端，探索股市的奥秘，见证模型的神奇。

最后，本书的完成要感谢我的同事孙彬，大部分手稿是由他整理编辑的；要感谢我的爱人蔡静女士，是她不断地鼓励才让我挤出时间来写书；最后的最后，要感谢所有的"模迷"们，是你们的追捧才让模型理论一版再版，谢谢你们的支持！

2017年2月27日于北京

更多精彩内容,请关注模型理论微信公众号

序

提到时间和空间,人们往往把它们与神秘和未知联系在一起。

二十世纪后期,英国著名物理学家斯蒂芬·霍金曾发表文章称,时光之旅在理论上是可行的,人类可以打开回到过去的大门和通向未来的捷径。

无数年以来,人类从没有停止过探寻时间与空间的奥秘。

提到预测,总是与时间空间密不可分,量、价、时、空是股市中的四大要素,时间和空间也是股市中无数投资者的重要研究课题。然而在与投资者交流时,笔者发现很多投资者对股市的研究仅止于量价,对时空的知识缺乏足够的了解,所以本书中笔者会重点讲述一些时空方面的知识。

本书会讲到时空的三大要素,会讲到数与形的关系,会讲到时空选股的方法,还会揭开一个隐藏的秘密,一个从未被任何人完全发掘过的宝藏,注意,是任何人,包括那些在股市中收获巨额财富的股市神话们。

时空是统一的、不可分割的整体,它们总是呈现一种"此消彼长"的关系(具体的内容本书中会详细讲到)。

每次仰望星空,看到日月盈昃,辰宿列张,都会迫切的想要知道宇宙中的一切奥秘,就像对股市中一切奥秘的好奇,这是笔者不断探索不断学习不断进步的动力。

我们要有姜太公的精神,姜太公32岁上昆仑山学艺,四十年之后,在他72岁时才下山,开始在磻溪上直钩垂钓,在这之前他一直在学习,一直在等待机会,最终辅佐周文王打败了商朝的殷纣王,建立了周朝,

模型理论 ❷

时空对数法则

为后人万古传颂,可以说,姜太公准备了四十年才钓到了周文王这条锦鲤。投资者也要有这样的心态,当时机未来临时,不要急于下杆,这时候应该学习,像姜太公上昆仑山求学一样,积累自己,等到时机来临之时,再一举收获一条"大鱼"。

当然,在股市中,我们不需要等四十年那么久,几年之间牛熊就会轮转,股市中永远不会缺少机会,因而学习的时间和机会就显得格外宝贵,所以,珍惜学习的时间和机会吧,股市是一个拿知识可以换取金钱的地方,学得越多,得到也就越多。

最后,一首小诗与大家共勉,祝大家在股市中获得满意的收获。

天地斯浩瀚,凡躯甚微浅。
股市多学问,皓首不敢闲。
百炼心成圣,脱俗即为仙。
磻溪慕鱼者,垂钩钓几年?

目 录

▶▶▶ **第一卷　探寻股价波动的起源**

　　　　——波动的初始模型与基本规律 / 1

第一章　股价波动的起源——交易心理与图形规律 / 3

第一节　波动初始模型 / 3

第二节　初始模型的实战 / 15

第三节　初始模型分裂 / 40

第四节　一次模型实战 / 46

第二章　价格基本波动规律——平方根在股价测算中的应用 / 53

第一节　探秘股价波动规律 / 53

第二节　数中有数——大顶大底预测法 / 56

第三节　形中有形——形态间的波动规律 / 67

▶▶▶ **第二卷　揭开时空的神秘面纱**

　　　　——时间与空间的预算 / 91

第三章 股市时空运行轮廓——时间空间三大要素 / 93

第一节　股市时空的基础概念 / 93

第二节　时空的概念 / 109

第三节　股市时空三要素 / 112

第四章 时空对数法则 ——四种时空的测算模型 / 123

  第一节 图形时空 / 123

  第二节 数据时空 / 126

  第三节 何时何价 / 136

▶▶▶ 第三卷 选择制胜之道
——时间与选股 / 167

第五章 出人意料的选股方法——从时空的角度来选股 / 169

  第一节 选股的理念 / 169

  第二节 选股的誓言 / 172

第六章 用更短的时间赚更多的钱——活跃的股票 / 177

  第一节 空间累积选股 / 177

  第二节 空间累积股票的特点 / 184

  第三节 空间累积选股案例 / 188

第七章 做别人不敢做的——疯狂的股票 / 199

  第一节 疯狂股票的特征 / 199

  第二节 疯狂股票实战案例 / 205

结束语 / 211

后 记 / 213

第一卷　探寻股价波动的起源
——波动的初始模型与基本规律

美国投资大师费雪曾说过："股市最惹人发笑的事情是,每一个同时买和同时卖的人都会自认为自己比对方聪明!"

这实际上就是股市中多空分歧的体现,持有相反观点的双方都认为自己是正确的,那么分歧就产生了,而多空分歧的产生就是股价波动的原因。

股市之所以难以预测,就是因为股价的波动受到无数因素的影响。预测的方法和如何提高预测的准确性一直是投资者关注的问题。解决问题的第一步是要了解问题,所以学习预测的第一步就是要探寻股价波动的起源。

本卷里笔者将会带您探究股价波动的起源,揭开预测的神秘面纱,带您一步一步走进模型理论的奥秘殿堂。

"我可以保证,市场永远是错的。必须独立思考,必须抛开羊群心理。"

——吉姆·罗杰斯

第一章 股价波动的起源
——交易心理与图形规律

本章里笔者将会带您探究股价波动的起源,揭开预测的神秘面纱,带您一步一步走进模型理论的奥秘殿堂。本章将股价波动的起源用简单易懂的模型表现出来,而这种模型的形态和性质既是由交易心理决定的,也是由图形规律决定的。

第一节 波动初始模型

这一切要从一个故事开始说起。2011年我在参加一个投资论坛的时候,与一个财经评论员交流股市心得,他告诉我他曾经是一个纯粹的技术分析派,后来经过反复研究仍不得其真谛,对技术分析越来越迷茫,由迷茫进而怀疑,最终彻底对其失去信心,从而转向基本面分析。在实际的研究过程中他产生了很多疑惑,这些困惑使他开始质疑技术分析的有效性。当我问起他的困惑时,他说最大的困惑在于技术分析的研究对象——波动图形,也就是波动之间的规律和相互关系,如果我们可以找到波动之间的规律,就可以把它用到其他的波动图形中去,从规律中把握未来,以达到预测的效果。但是他一直找不到这种波动的起始模型,或者说他不知道股价波动的起源是什么,所以对他来说技术分析就变得迷雾重重,对股价未来走势的判断也就成了"哥德巴赫猜想"。

时空对数法则

于是,接下来我们展开了这样的对话:

股市为什么会有波动?

其实这个问题很好回答,简单的来说就是多空分歧导致的。

为什么会有多空分歧呢?

因为投资者对股市的预期不一样,同一时刻,既有看多的,也有看空的,自然就形成了多空分歧。

预期为什么会有区别呢?

每个人对当前价格的意识和判断不一样,或者说认知不一样,因为每个人都是单独的个体,都有自己独立的思维。

既然都是独立意识,就没有规律可言了?

世界上确实没有完全一样的两个人,就好像没有完全一样的两片树叶一样,但是当生物以群体为单位出现的时候,就会有界、门、纲、目、科、属、种之分,同纲同种的生物就会存在共性,也就是我们经常所说的"物以类聚,人以群分"。那么,股价波动形成的整个的过程就是:个体意识→不同预期→多空分歧→股价波动。

我和他聊了很长时间,一点点的给他解释,经过近一下午的时间,我给他详细阐述了波动的初始模型。他听完以后恍然大悟,告诉我,我使他重新燃起了对技术分析的热情,我很欣慰技术分析领域的研究者里又多了一位志同道合的朋友。他问的这些问题非常专业,也是很多长期研究技术分析的人心中普遍存在的困惑,如果你心中也怀着同样的疑惑,希望我下文中的讲述能够为你提供帮助,翻开这本书,带你走出疑云,从而真正领略到技术分析的魅力,下面就用图形详细讲解一下波动的初始模型。

交易心理推理和演变

在前文的问答中我也提到了,个体意识的不同是造成股价波动的原因。所谓个体意识就是心理变化的过程，市场中每一笔的成交都是买卖双方达成了共识，买方看涨而卖方看跌，买方认为此时是最佳的买进时机，而卖方则恰恰相反。这样的矛盾心理促成了市场中交易价格和波动的产生。

为了方便理解，我们不妨建立一个股价波动的模型。首先假设多空双方势均力敌，设股价波动的起始点为 A 点，我们以 A 点为基准画一条水平线作为股价运行的时间轴，因为多空双方力量相同，则股价将围绕这条水平线做周期运动，这条水平线就是股价上下波动的中线，中线上的点就是多空平衡点。

如下图所示：

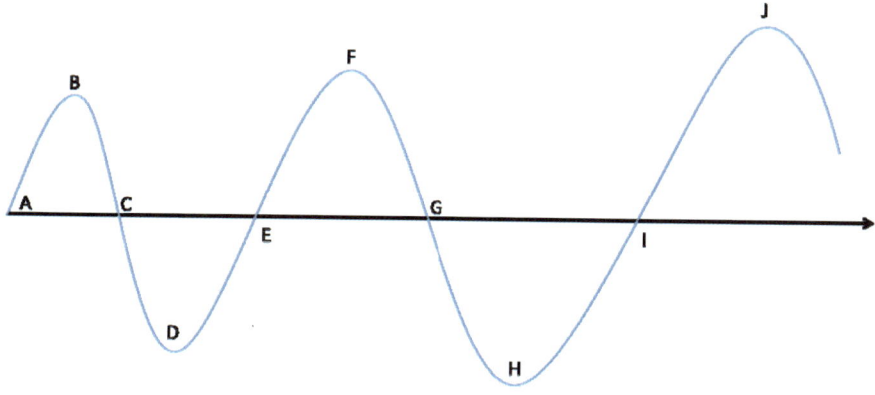

图 1.1.A 股价波动的模型

如图 1.1.A，在模型中，股价从 A 点开始出现多空分歧。由于多空双方势均力敌，所以股价围绕过 A 点的水平线进行周期性上下摆动并出现几乎上下对称的图形。那么，股价的波动又存在着什么样的规律呢？

通过观察，我们可以看到在模型中 D 点到中线（A 点水平线）的距离明显小于 F 点到中线的距离，而往下看，F 点到中线的距离又小于 H 点到中线的距离……那么我们可以推断，随着时间的推移，股价围绕中线波动的幅度越来越大，也就是股价运行的空间在逐渐增大。

波动的幅度增加了，那么波动的时间有没有变化呢？我们继续回到模型，股价从 A 点出发，运行至 C 点第一次回归中线，运行至 E 点第二次回归中线，G 点第三次，I 点第四次……那么股价从出发到第一次回归中线所用的时间（即 AC），少于第二次回归中线所用的时间（CE），少于第三次回归所用的时间（EG），少于第四次回归所用的时间（GI）……我们可以发现，随着股价波动幅度的增强，股价波动一个周期所需的时间也在逐渐变长。

总结模型中时间与空间的规律，它们都会随着股价的运行逐渐增大，也就是说 BDF 运行的时间或空间一定会小于 FHJ 运行的时间或空间，这是因为随着能量的推动，股价运行的时间和空间都会逐渐增大。同时，时间是不可逆的，它永远都只能向前而不会后退，所以一只股票历史上的高点或低点，最终都会被打破。所以我们常说股市中永远不会缺少机会。

下面我们换一个角度来探寻股价波动的奥秘。首先，在模型中连接 A 点与每一个波动过程中形成的高低点，如图 1.1.B。借助连线，我们会发现距离 A 点越远的高点或低点，股价上升或下降的角度会越来越缓。

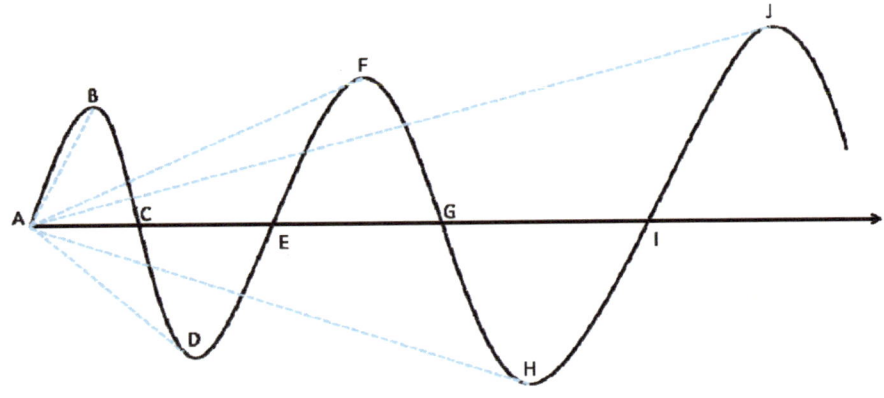

图 1.1.B 距离起点越远股价上升角度越缓

角度越缓，股价运行到某一位置所需的时间也就越长，也就是说股价波动的时间越长，创新高或新低所需要的时间就越长。这就是为什么一只上市时间比较久的个股形成某个重要的高点或低点之后，再次创出新高或新低，往往需要很长的时间。另外，反过来看，股价上升的角度越陡，创新高所用的时间就会越短，波动的空间就会越大。

通过上文中对模型的探究，我们可以总结出两个规律：

一、随着时间的推移，股价波动的空间会越来越大，波动的周期也会越来越大。

二、未来创新高或创新低的点与 A 点连线的角度会逐渐趋于平缓。

模型的演变

通过观察，我们可以发现，模型中存在很多的对称性，除了上下对称以外，我们也会发现波动的左右对称。

在模型中，我们以上下对称的三角形（如三角形 ABC 和三角形 CDE）为基础，取股价波动的最高点或最低点，向中线作一条以该点为起点的垂直线段，称为中分线，每一条中分线都与多空平衡线（中线）相交，这样就形成了两个左右对称的近似三角形，如图 1.1.C 所示：

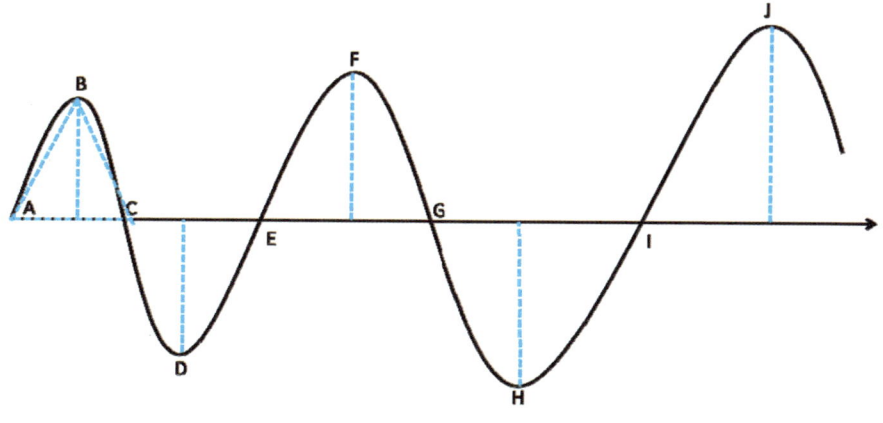

图 1.1.C 中分线示意图

我们可以知道,每一个左右对称三角形的斜边(如 AB,BC),都是对称的上涨或者是下跌,以平衡线为基准,上下左右都是对称的,也就是说相邻的上涨或下跌会影响到未来的上涨或下跌。但是这两者之间到底有什么关系呢?市场波动的秘密会是这么简单吗?在回答这两个问题之前我们再来看下面这张图,如图 1.1.D 所示:

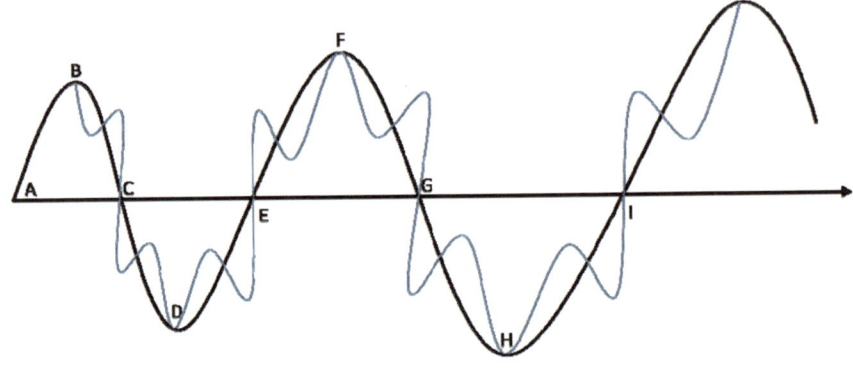

图 1.1.D 小波动产生示意图

在图1.1.D中,从B点之后波动的过程中都出现了多空分歧,它们充斥在每一次主要波动当中。其中每一个多空分歧都形成了左右两个三角形,它们成为主要波动里的小波动,这样每一个原来的主要波动都被一分为三,变成三波的形式,这些小波动形成的原因就是新的多空分歧平衡线的产生,而平衡线的产生多是在市场出现拐点的位置。如图1.1.E所示:

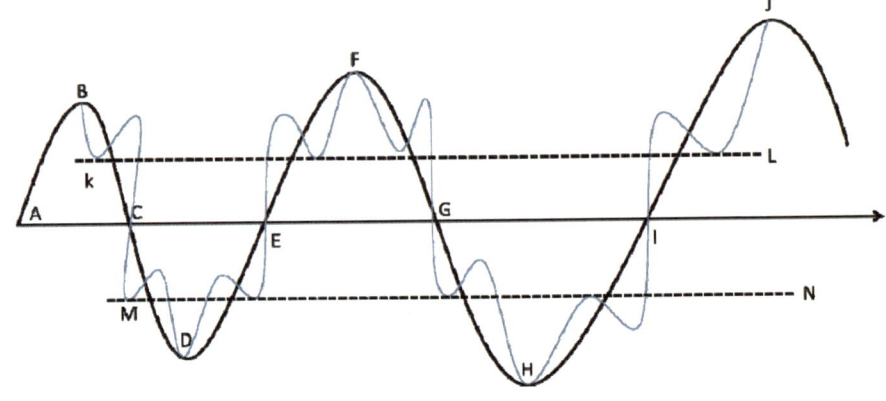

图 1.1.E 平衡线

在图 1.1.E 中可以看到 KL 线和 MN 线,它们都是新的市场平衡线,这些平衡线都是前期市场的高低点。为什么会这样呢?这其实是一种交易心理,当股价遇到前期市场的高低点的时候,就会出现套牢盘和获利盘的买卖筹码,也就是说大部分投资者在经历长时间的亏损之后,当股价再次回到成本区时,有了解套的机会,这部分投资者就会选择卖出,大量的卖出形成压力使股价进入调整。同样的道理,在股价跌破前期低点以后,很多人也会选择割肉,大量的卖出,大量的卖盘就会在此处形成支撑使股价回升。所以几乎历史的每一个高低点,都会为股价后期的走势形成压力或支撑,这些压力或支撑就是市场平衡线,市场总是从一个平衡到另一个平衡的。而一个新的平衡出现以后,又会出现上下左右的对称,出现两个小的三角形,如果这时我们再通过顶点做一条中分线,就会出现左右对称的模型。如图 1.1.F 所示:

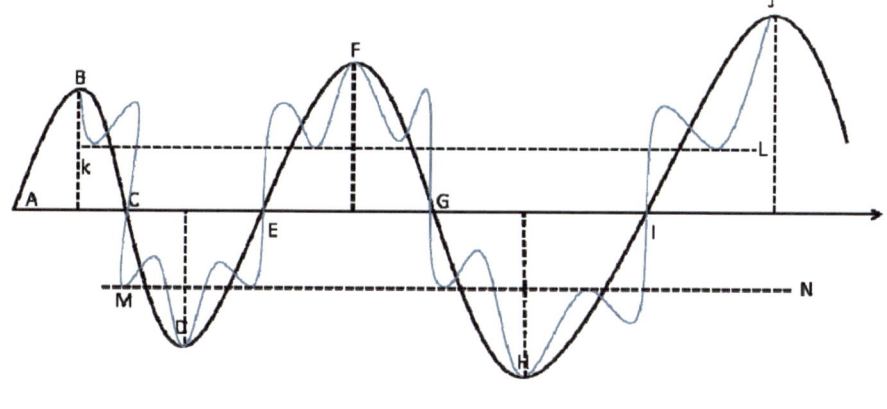

图 1.1.F 中分线

在图 1.1.F 中,每一条中分线都把上涨和下跌区分出来,这样我们就可以看出波动最初模型。在多空博弈的某段时间内,无论是多方还是空方占据绝对优势,在股价运行时都会出现另外小级别的平衡线,形成小级别的波动。这就像两支部队,就算一方占据绝对优势,另一方也会选择反抗,即便这种反抗是徒劳无功的,他们也不会坐以待毙。这样就形成了多空绝对优势后的最初模型,如图 1.1.G 所示:

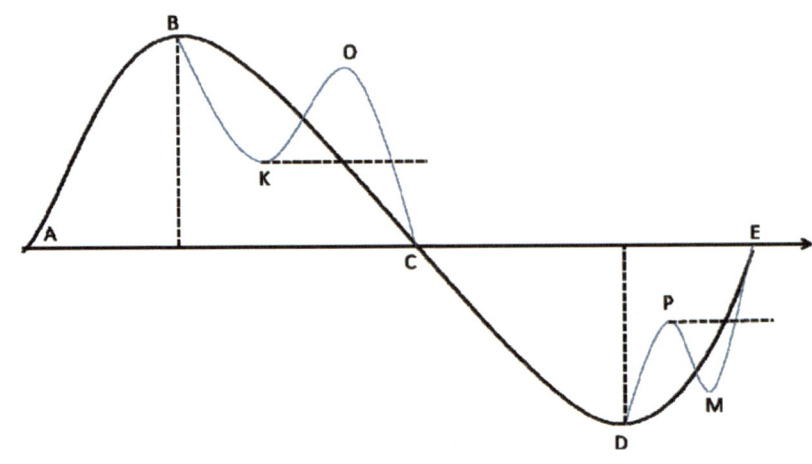

图 1.1.G 多空绝对优势最初模型

在图 1.1.G 中，AB 是绝对的多方优势，即单边上涨。当单边上涨结束后，空方占优势，股价下跌，而后多方不死心再次反攻，就形成了反弹，出现了小高点 O 点。O 点后空方再次获胜，股价一路下跌最终回到 A 点水平附近。同样的道理，CD 是空方占绝对优势，出现了单边下跌，当出现 D 点以后，多方占据优势，出现小波段反弹至 P 点，而后空方反攻出现 M 点，之后多方占优股价回到 C 点水平位置。如果将图中的平衡线和中分线取消，就能看得更清楚了，如图 1.1.H 所示：

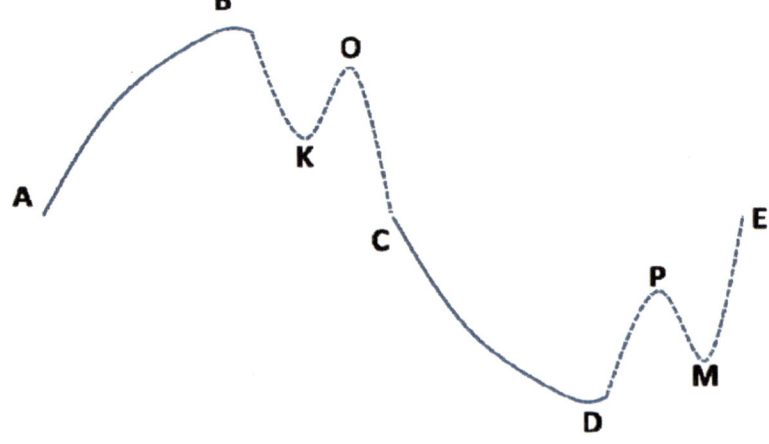

图 1.1.H 多空绝对优势股价走势

在图 1.1.H 中可以得出，当市场出现的第一个平衡被打破以后，无论是多方还是空方占优，股价都会出现等幅的波动回到原点。假如股价从原点 A 开始，多方占优，多方获胜的原因在于大多数投资者的意识是看涨的，这样就会出现跟风者，就像股谚说的那样，"人们总是一群群的疯，一个个的醒"。而当这种热情逐渐的耗竭时，就是趋势转折变为空方占优势的 B 点，由此出现第一波急速的下跌，跌至 K 点出现套牢盘补仓和市场短线资金介入，因而引发市场反弹，但是终究力量不支，未能创出新高，形成了 O 点。此后空方再次占据优势，创出新低回归到 A 点水平线位置。空方占优势形成的单边下跌也是同样的道理，股价就是如此周而复始的循环着。如果我们抛开内在因素，单独的研究图形模型就会变得更清晰了。如图 1.1.I 所示：

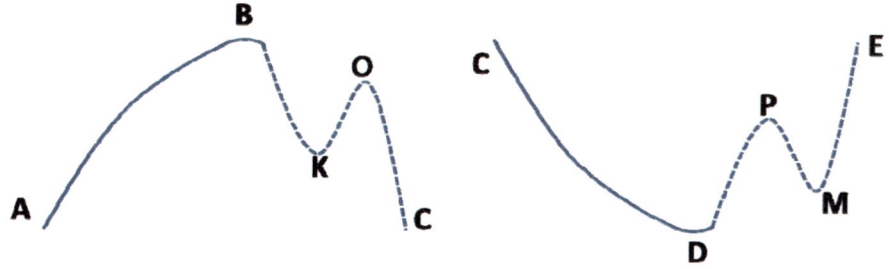

图 1.1.I 图形模型

在图 1.1.I 的模型中，我们可以这样简单的理解，一波上涨会演化出两波下跌和一波反弹。同样，一波下跌会演化出两波上涨和一波回调，这样的结构我们可以用《道德经》里的"一生二，二生三，三生万物"来理解。

图形模型推理和演变

通过上面的讲述，我们知道了波动的初始模型，这是从市场中人们的交易心理演变出来的。其实从市场动能的角度分析也可以得出相同的

结果。现在我们试着从纯粹技术分析的角度,来探讨波动的起源和演变过程,如图 1.1.J 所示:

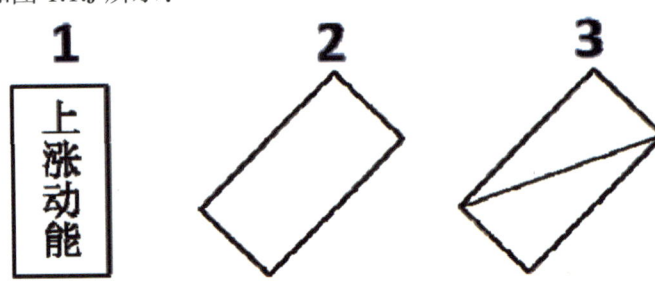

图 1.1.J 波动起源

在图 1.1.J 中,从左往右三张图片,为了便于理解,我们把它分别编号为 1、2、3。1 代表的是市场上涨动能,我们将市场认为是个向上的箱体,包含了市场涨跌的动能,就好比一个箱子里面装满了上涨和下跌,但是上涨明显的多于下跌。2 是将箱体倾斜。3 是连接对角线,对角线连接后就形成了两个对称的三角形,我们定义上面的三角形是涨多跌少模型,下面是跌多涨少模型。将三角形的直角边都看成是股市中的涨跌,就可以推演出价格的波动规律。首先我们沿着对角线,将下面的三角形向上推动,就会形成一波下跌和两波上涨的图形,如图 1.1.K 所示:

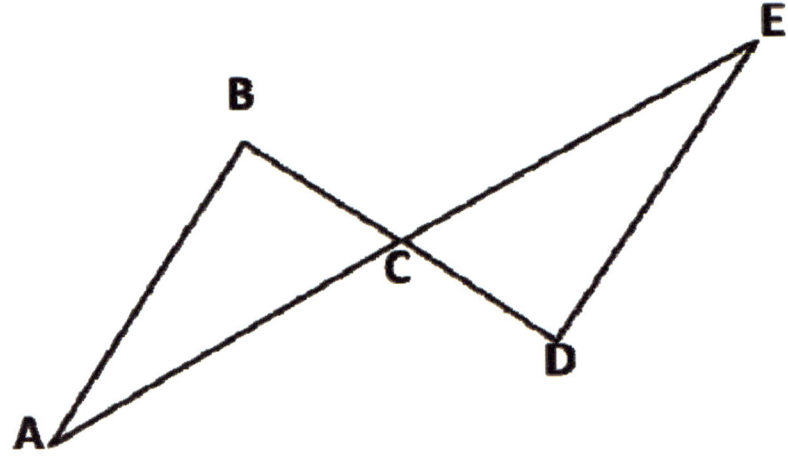

图 1.1.K 价格波动规律的推导

在图 1.1.K 中，CDE 是沿着对角线上推的三角形（即原来处于下方的三角形），这样就形成了两个对角的三角形 ABC 和 CDE。整个的图 1.1.K 给我们两个启示：一个是从 A 到 E 的上涨，往往会呈现出 N 字形的上涨，即股价不是直接一波涨上去，而是以两波上涨和一波下跌的形式到达 E 点；另一个启示就是在上涨和下跌的过程中，股价往往以对称的形式存在，对称的方式一般和趋势运行的方向是一致的。在图 1.1.K 中，AB = DE，BC = CD，这就是上涨对上涨，下跌对下跌，这就给我们提供了时间和空间的研究思路。如果我们将图 1.1.K 中的线段 AE 向左旋转移动（A 点不动，E 点左旋），这样就能得到一波下跌后的两波上涨。如图 1.1.L 所示：

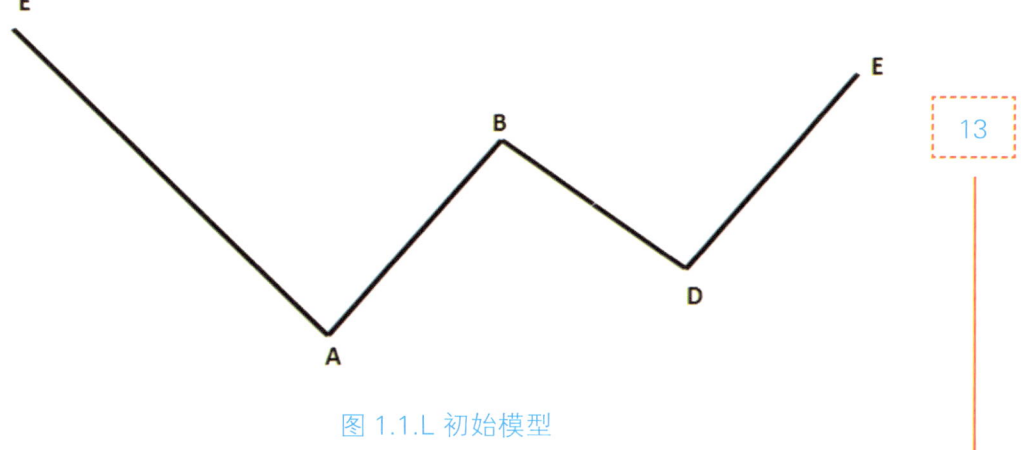

图 1.1.L 初始模型

在图 1.1.L 中，E'A 是一波单边下跌，之后先是出现 AB 反弹，而后出现 BD 调整，但是，形成的低点抬高，最后再次出现 DE 上涨，由此可以得出和上一个交易心理推论结果一样的图形。同样，下跌动能的箱体也是如此，如图 1.1.M 所示：

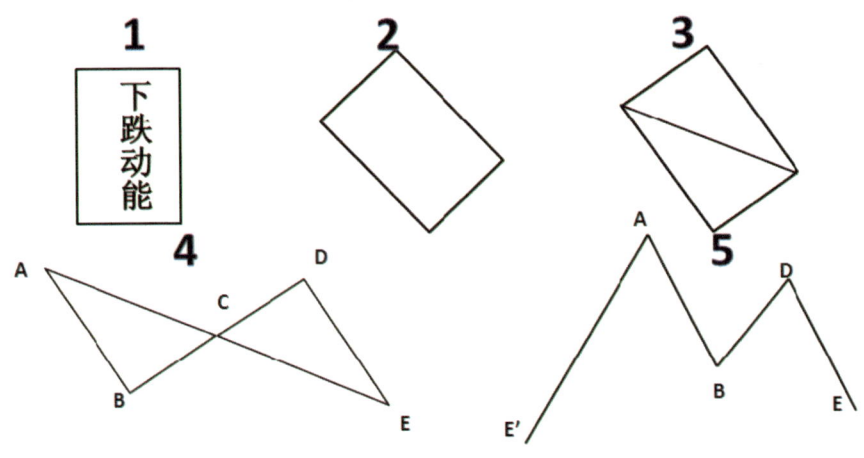

图 1.1.M 下跌动能箱体示意图

通过图 1.1.M 可以看出下跌动能的转变过程,从一个下降的箱体,到连接对角线,而后沿着对角线下移形成两个对角的三角形,最后左旋 AE 线形成了 5 图,同样得出了和交易心理相同的图形。

小 结

万物有始,只有把握股价波动模型的初始形态,才能提纲挈领,如果通晓股价波动的起源,自然一通百通,否则就会像本节开篇中提到的那位财经评论员一样,对技术分析越来越迷茫,在股市中永远找不到获利的路。

股市中的波动是由多空分歧造成的,个体意识的不同是造成股价波动的原因,我们从交易心理的角度来建立模型,把握股价波动,并总结出模型中的两条规律:

一是随着时间的推移,波动会越来越大,波动的周期也会越来越长。

二是未来创新高或创新低的点，他们距离 A 点的角度会逐渐趋于平缓。

之后我们又从交易心理的角度推理模型的演变，最终得到两个基础模型：一波上涨演化出两波下跌和一波反弹，一波下跌演化出两波上涨和一波回调。

然后我们又从图形模型的角度推理得到了和交易心理所得模型一样的初始模型。

如下图：

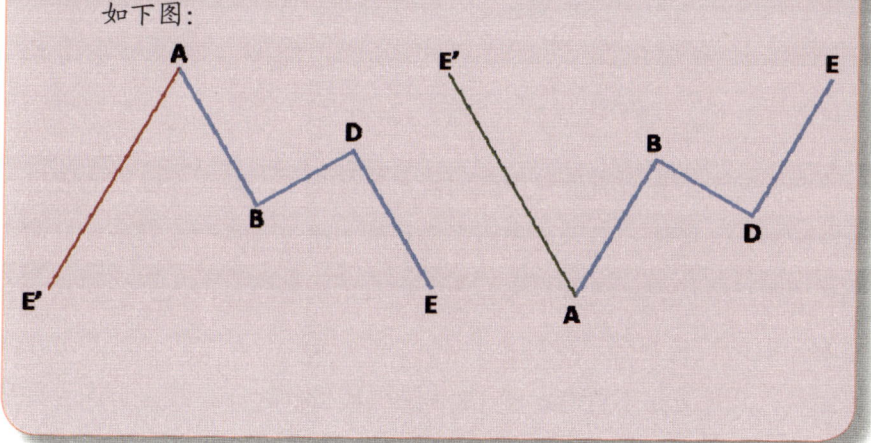

第二节　初始模型的实战

了解波动初始模型对我们预测行情有什么帮助？这也许是每一位读者最关心的话题。你可能感觉上一节讲述的推理过程更像是哲学探讨，找到了根源却无法用实践验证。投资者都是实用主义者，不关心过程，只注重结果，这已经是众多投资者达成的共识，更是在投资的过程中形成的炒股思维。我们首先看一张图，如图 1.2.A 所示：

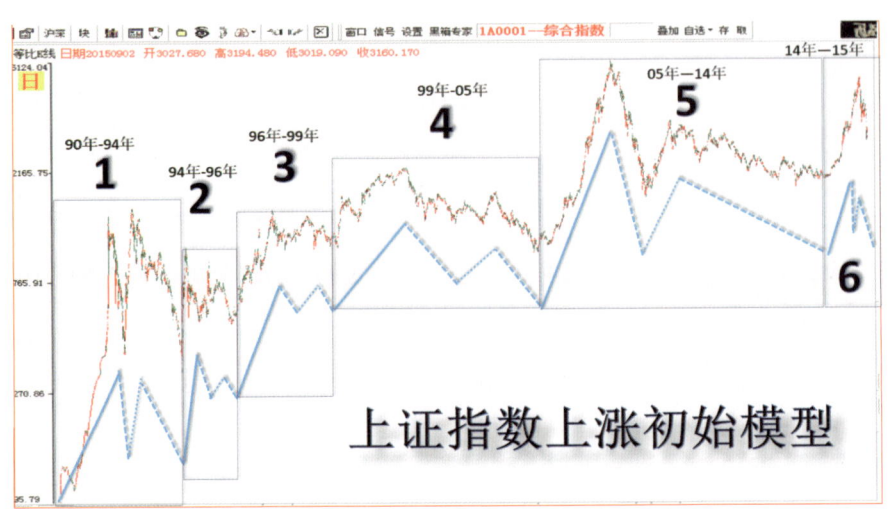

图 1.2.A 上证指数的日 K 线走势图

我们经常听到有人抱怨中国的股市是政策市，是人为操纵的股市，是庄家控制的股市，是不可预测和分析的股市等。我们必须承认目前中国的股市还不成熟，还有很多差距，也有中国特色，但人为的因素只会影响短期的价格走势，中期和长期人为操纵是不可能的，尤其是在月线图中，几乎更是不可能。图 1.2.A 是上证指数的日 K 线走势图，是从 1990 年上市至今的走势。单纯地看 K 线图显得杂乱无章，如果套用上涨初始模型，就仿佛拨云见日般，前所未有的清晰。

图 1.2.A 是上证指数 1990 年至今的日线走势图，图中我们可以看到，第一个箱体是 1990 年到 1994 年 325 点的走势图。在图中可以清晰地看到上涨初始模型的走势，先是一波上涨，至 1992 年 5 月的 1429 点，之后出现第一波下跌，至 1992 年 11 月的 386 点，跌幅达到 60% 以上，随后上涨至 1993 年 2 月 1558 点，而后再次下跌至 1994 年 7 月的 325 点。将高低点连接起来就会是一个完美的上涨初始模型，一波上涨演化出两波下跌和一波上涨，换句话说，如果股价直接一波涨上去，一般不会直接一波跌下来，而是会分两次下跌，也可以理解成波浪理论中的 ABC 浪。

第一个箱体

第一波上涨：95 点至 1429 点

其后演化

第一波下跌：1429 点至 386 点

第二波下跌：1558 点至 325 点

中间一波上涨：386 点至 1558 点

第二个箱体是 1994 年到 1996 年，其中第一波上涨是 1994 年 7 月的 325 点，经过了 33 个交易日涨至 1994 年 9 月的 1052 点，涨幅达到了 200% 以上，随后出现了第一波下跌至 1995 年 2 月 524 点，见底反弹后涨至 1995 年 5 月的 926 点，最后见顶下跌，最低跌至 1996 年 1 月的 512 点。连接高低点也会发现明显的上涨初始模型。

第二个箱体

第一波上涨：325 点至 1052 点

其后演化

第一波下跌：1052 点至 524 点

第二波下跌：926 点至 512 点

中间一波上涨：524 点至 926 点

第三个箱体是 1996 年至 1999 年，其中第一波上涨是 1996 年 1 月的 512 点，震荡上涨至 1997 年 5 月的 1510 点，随后出现调整，最低跌至 1997 年 9 月 1025 点，见底反弹后最高涨至 1998 年 6 月 1422 点，最后，见顶后跌至 1999 年 5 月的 1047 点。将高低点连接起来也会形成上涨初始模型。

时空对数法则

第三个箱体

第一波上涨：512 点至 1510 点

其后演化

第一波下跌：1510 点至 1025 点

第二波下跌：1422 点至 1047 点

中间一波上涨：1025 点至 1422 点

与前三个箱体相比，第四个箱体内是持续时间最长，空间最大，也是最难辨认的一个上涨初始模型。在下节中我们会讲到初始模型的分裂，届时还会详细讲。第四个箱体的时间跨度是从 1999 年至 2005 年，第一波上涨是从 1999 年 1047 点开始的"519"行情，一直涨到牛市的最高点 2001 年 6 月的 2245 点；随后出现快速下跌直到 2003 年 1 月的 1311 点，见底之后出现了非典行情，而后震荡，年内最低跌至 1307 点；此后出现单边上涨，直到 2004 年的最高点 1783 点；最后的一波下跌是最惨的，也是持续时间最长的，历经 14 个月，最低跌至 2005 年 6 月的 998 点的大底。

第四个箱体

第一波上涨：1047 点至 2245 点

其后演化

第一波下跌：2245 点至 1311 点

第二波下跌：1783 点至 998 点

中间一波上涨：1311 点至 1783 点

第五个箱体的时间是 2005 年至 2013 年 6 月，从 2005 年 6 月的 998 点至 2007 年 10 月的牛市最高点 6124 点，出现了最大的一轮牛市上涨。此后出现了快速的下跌，直到 2008 年 10 月 1664 点，见底之后出现快速上涨直到 2009 年 8 月的 3478 点，最后的一段下跌就是 3478 点至 2013 年 6 月的 1849 点，是下跌时间最长的一波。连接高低点就会得出一个最明显的上涨初始模型。

第五个箱体

第一波上涨：998 点至 6124 点

其后演化

第一波下跌：6124 点至 1664 点

第二波下跌：3478 点至 1849 点

中间一波上涨：1664 点至 3478 点

第六个箱体的时间是 2014 年 5 月至 2015 年 9 月，从 2014 年 5 月的 1991 点至 2015 年 6 月出现最高点 5178 点。此后出现了快速的下跌，直到 2015 年 7 月 9 日出现最低点 3373 点，见底之后出现快速上涨直到 2015 年 7 月 24 日出现最高点 4184 点，最后的一段下跌就是从 4184 点至 2015 年 8 月 26 日的 2850 点。连接高低点就会得出一个最明显的上涨初始模型。

通过对上证指数的观察，我们发现，上涨初始模型在长周期里会很明显。但是也可以看出，股价波动的空间和时间的规律性较低，尽管模型架构符合，具体高低点的时空却不尽相同。

同理，上涨的初始模型在个股长周期中也适用，如图 1.2.B 所示：

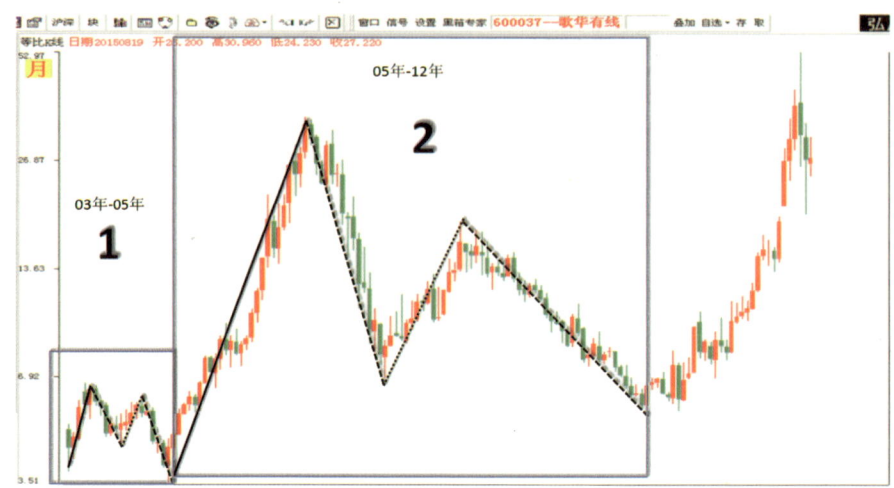

图 1.2.B 歌华有线月线走势图

图 1.2.B 是 600037—歌华有线的月 K 线走势图，在图中可以看到两个箱体。第一个箱体是 2003 年至 2005 年的走势，从 2003 年 11 月的 3.8 元开始上涨，涨至 2004 年 2 月的 6.66 元，见顶之后出现连续三个月的调整，直到 2004 年 9 月 4.63 元见底，出现反弹涨至 2005 年 1 月的 6.04 元，最后一次下跌到 2005 年 6 月 3.52 元。连接高低点后形成了明显的上涨初始模型。

第一个箱体

第一波上涨：3.8 元至 6.66 元

其后演化

第一波下跌：6.66 元至 4.63 元

第二波下跌：6.04 元至 3.52 元

中间一波上涨：4.63 元至 6.04 元

第二个箱体持续的时间就很长了，从 2005 年 6 月的 3.52 元上涨至 2007 年 8 月的 35.19 元，上涨整整十倍，此后开始演化出两波下跌和一波反弹，第一波下跌持续到 2008 年 11 月的 6.86 元，随后出现反弹直到 2010 年 1 月的 18.28 元，见顶之后出现长时间的下跌，最低跌至 2013 年 6 月的 5.57 元，连接高低点后形成了明显的上涨初始模型。

第二个箱体

第一波上涨：3.52 元至 35.19 元

其后演化

第一波下跌：35.19 元至 6.86 元

第二波下跌：18.28 元至 5.57 元

中间一波上涨：6.86 元至 18.28 元

对于长期的上涨初始模型，只要耐心的等待第二波下跌的结束，此时入场是风险最低且利润最大的。如图 1.2.C 所示：

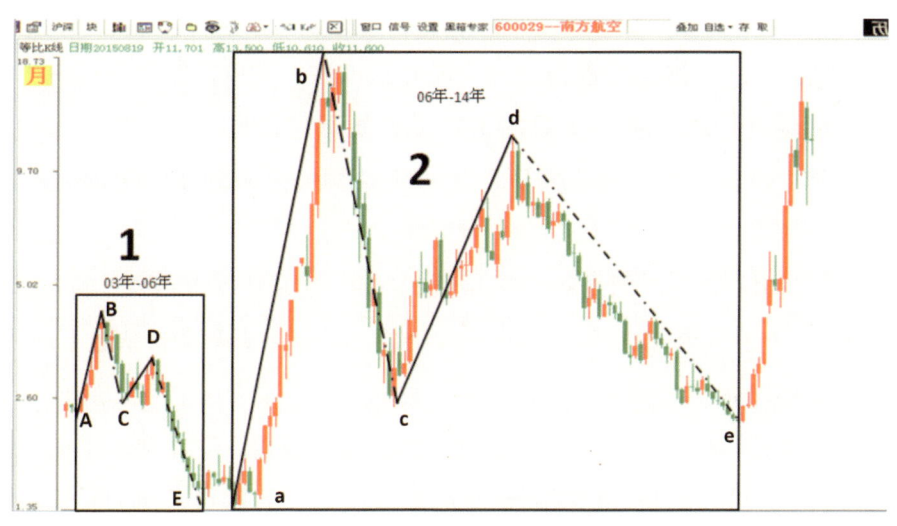

图 1.2.C 南方航空的月 K 线走势图

图 1.2.C 是 600029—南方航空的月 K 线走势图。箱体 1 中股价在 2003 年上市后出现了一轮上涨（AB），最低从 2.31 元（A 点）开始上涨，

直到2004年2月达到4.23元（B点），见顶之后出现了第一轮下跌（BC），最低跌至2004年10月的2.44元（C点），见底后反弹两个月（CD）至3.32元（D点），出现顶部后开始了一大波下跌（DE），最低跌至2006年4月的1.35元（E点）。连接高低点就可以看出上涨初始模型。在这个上涨初始模型中，第二波的下跌跌穿了前期上涨的低点2.31元，演化出来的波段明显的大于之前的上涨，但是我们可以看出它仍然遵循两波段下跌的规律。

第一个箱体

第一波上涨AB：2.31元至4.23元

其后演化

第一波下跌BC：4.23元至2.44元

第二波下跌DE：3.32元至1.35元

中间一波上涨CD：2.44元至3.32元

箱体1中上涨初始模型结束（即E点出现）之后，股价经过一次小规模调整，从2006年8月的1.37元开始迅速拉升，直到2007年9月出现高点18.73元。若我们从E点入场，则可获得超过12倍的收益。

第二个箱体的时间是从2006年至2014年，先是从2006年4月的1.35元（a点）上涨至2007年9月的18.79元（b点），其后股价快速下跌，最低跌至2008年11月的2.45元（c点），见底之后开始出现中期上涨（cd），直到2010年10月达到12.02元（d点），最后股价出现了第二次的下跌（de），这一次持续的时间比之前更长，终止于2014年6月的2.21元（e点）。连接高低点，形成上涨初始模型。

第二个箱体

第一波上涨ab：1.35元至18.79元

其后演化

第一波下跌 bc：18.79 元至 2.45 元

第二波下跌 de：12.02 元至 2.21 元

中间一波上涨 cd：2.45 元至 12.02 元

箱体2中，2014年6月e点出现之后，股价开始了长达一年连续上涨，最终涨到16.68元，若投资者从e点买入，一年之后，可获得六倍暴利。所以，每当发现这样的股票，对投资者而言就是静观其变，等待机会。

上涨初始模型的一般规律

通过上面的学习，我们可以更深刻的理解上涨初始模型，如图1.2.D，我们以字母 A、B、C、D、E 来标记上涨初始模型中的高低点，我们可以看到，在模型中的 E 点，风险得到了充分的释放，而且往往预示着新的行情即将产生。

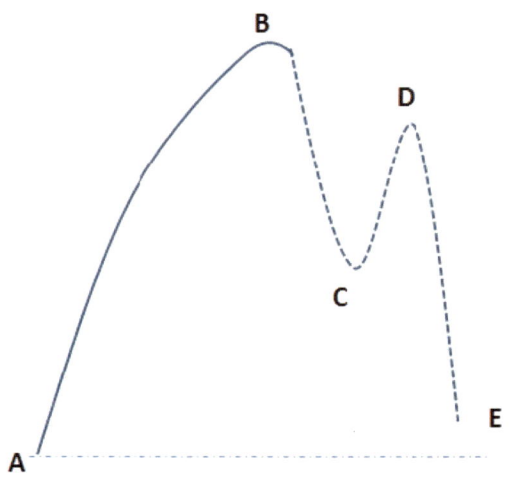

图 1.2.D 上涨初始模型

同时在标准的上涨初始模型中，第二波下跌的低点在正常的状态下一般不会创出前期的低点，也就是 E 点高于 A 点。同时，在模型中，上涨和下跌在时间和空间上都存在着 BC<DE<AB 这样的一般规律。

我们来看下面的案例：

图 1.2.E 中冠 A 的月线图走势

如图 1.2.E 是 000018—中冠 A 的月线图走势，连接股价的高低点形成了两个上涨初始模型，分别标记为 ABCDE 和 A'B'C'D'E'，在图中，我们可以清楚地看到 E 点高于 A 点且 E' 点高于 A' 点（图中蓝色标注），由于第一个上涨初始模型的终点恰好是第二个上涨初始模型的起点，所以 E 点和 A' 点是同一个点，则两个上涨初始模型中各点位形成的时间和股价分别为：

第一个上涨初始模型

A 点：2005 年 7 月，2.429 元

B 点：2007 年 5 月，12.700 元

C 点：2007 年 6 月，6.120 元

D 点：2008 年 1 月，9.770 元

E（A'）点：2008 年 11 月，2.960 元

第二个上涨初始模型

E（A'）点：2008 年 11 月，2.960 元

B' 点：2009 年 7 月，10.790 元

C' 点：2009 年 9 月，7.000 元

D' 点：2009 年 11 月，10.780 元

E' 点：2010 年 7 月，6.250 元

通过上面列举的各点位数据，我们可以轻易的计算出上涨初始模型中每一波上涨/下跌的幅度和持续时间，BC：用时 1 个月，下跌 6.58 元；DE：用时 10 个月，下跌 6.81 元；AB：用时 21 个月，上涨 10.27 元；B'C'：用时两个月，下跌 2.21 元；D'E'：用时 8 个月，下跌 4.53 元；A'B'：用时 8 个月，上涨 7.83 元。

通过数据统计，我们看到在第一个上涨初始模型中股价不论从运行的时间还是涨跌空间的角度都存在 BC<DE<AB 的规律，但在第二个上涨初始模型中，空间上符合 B'C'<D'E'<A'B'，而时间上 A'B' 和 D'E' 同样都是运行了 8 个月，这种情况是否违背了上涨初始模型的一般规律呢？

如图 1.2.F，我们把时间精确到日线级别，再来比较一下 A'B' 和 D'E' 所用的时间。

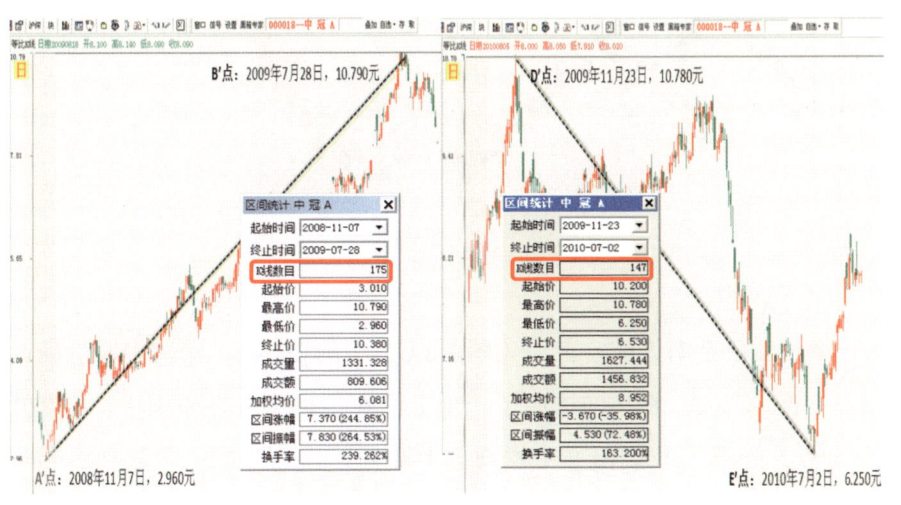

图 1.2.F 中冠 A 的日线走势图

A'点是2008年11月7日；B'点在2009年7月28日；D'点在2009年11月23日；E'点出现在2010年7月2日。在日线图上进行区间统计，可知A'B'之间共有175根K线，D'E'之间共有147根K线，也就是说，从时间上A'B'比D'E'多了28个交易日，第二个上涨初始模型在时间上也遵循B'C'<D'E'<A'B'的一般规律。

大多数形成上涨初始模型的股价走势都符合这些一般规律，但既然我把这种规律称之为一般规律，就说明这种规律并非绝对的。

在上文600029—南方航空（图1.2.C）的例子中，箱体1中的股价走势就出现了与标准的上涨初始模型中一般规律不符的地方，我们把图1.2.C中箱体1放大来看，并分别标注高低点A、B、C、D、E，如图1.2.G所示：

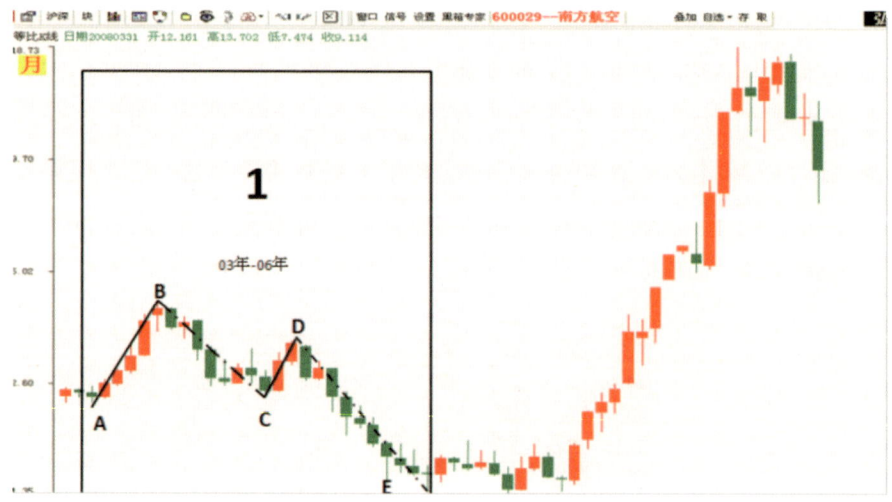

图1.2.G 南方航空中的箱体1

图1.2.G是南方航空例子（图1.2.C）中的箱体1，箱体中股价高低点A、B、C、D、E共同构成了一个上涨初始模型。在模型中，E点低于A点，违背了我们前文中发现的上涨初始模型中的一般规律，同时从时间与空间的角度，模型中仍遵循第一波下跌明显小于第二波下跌的

一般规律，即 DE > BC，当这种情况出现时，是否预示着股价后市的运行会出现特殊的变化？

我们来看一下 E 点出现之后股价的运行情况。2005 年 10 月，南方航空股价收出一根阴十字星，股价最低跌至 1.37（即 E 点）见底，经过短暂的横盘调整之后股价开始暴涨，从 2006 年 4 月 28 日的 1.35 元一路上涨到 18.732 元，上涨逾 13 倍。

我们可以看到，在图 1.2.G 上涨初始模型中，当出现 E 点低于 A 点这种违背一般规律的情况时，股价运行的趋势将出现强势反转。那么，这种情况是一种偶然的个例还是一种必然的规律？我们来看下面一个案例：

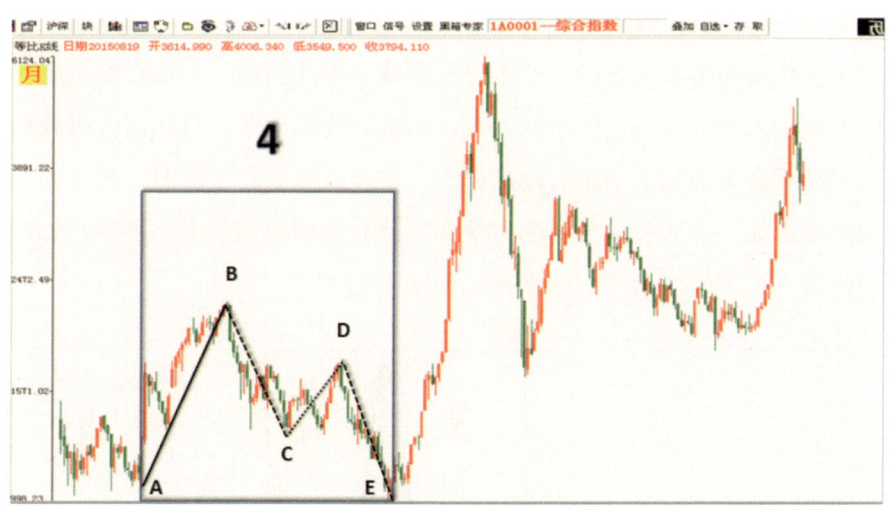

图 1.2.H 上证指数中的箱体 4

图 1.2.H 是上证指数上涨初始模型（图 1.2.A）中的箱体 4，箱体中，指数的走势形成了上涨初始模型，分别将股价的高低点标记为 A、B、C、D、E，指数在 1999 年 5 月从最低点 1047.833（A 点）开始拉升，经过两波上涨和两波下跌之后，最终在 2005 年 6 月出现最低点 998.228（E 点），之后指数开始上涨，经过 2005 年 9、10 月连续两个月的调整之

后，股价开始出现长达两年的连续上涨，之后在 2007 年 10 月出现高点 6124.044，从 1000 点之下涨到 6000 点，涨幅逾 500%。

综上所述，我们可以看到，在上涨初始模型中，当 E 点跌破 A 点且 DE>BC 时，反转的趋势会更加强烈，往往一触即发。如果我们发现这样的走势，只需要等到反转信号出现即可择机入场获取利润。

下跌初始模型的一般规律

上涨初始模型是一种适用于长周期下的操作模式，是一种典型的守株待兔式的操作风格，上涨演化的下跌常常被认为是纯市场能量自主运行的结果，也就是说上涨初始模型的技术可靠度是很高的，当然这是相对于下跌初始模型而言的。技术分析界几乎都认同的一个观点是"股价的上涨是人为推动的，而下跌时却不需要人为推动"，这句话告诉我们技术分析会更适用于下降波动的研究，或者说股价在下降时一般不受人为因素影响，因而技术分析的方法在下降趋势中运用效果会更好。我们再来看一个下跌初始模型的案例，如图 1.2.I 所示：

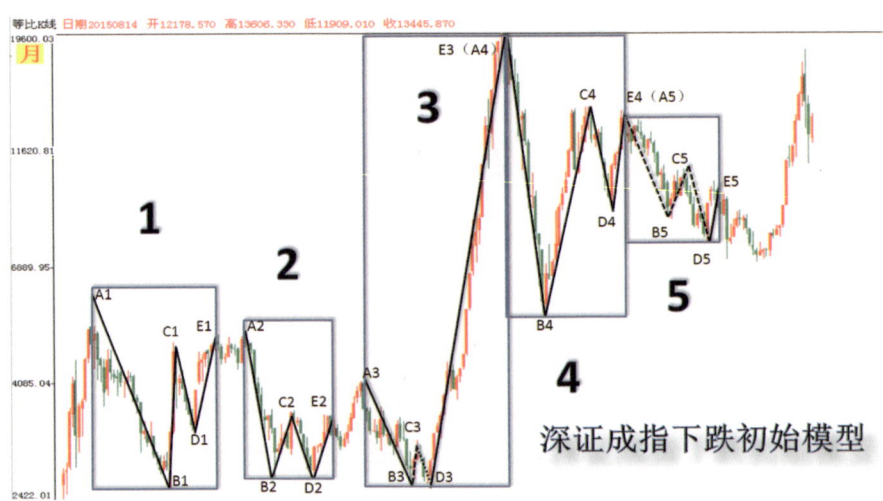

图 1.2.I 深证成指的月 K 线走势图

图 1.2.I 是深证成指的月 K 线走势图，在图中出现了五个下跌初始模型（箱体 1-5），首先来看第一个下跌初始模型（箱体 1）。1997 年 5 月深证成指出现长上影线，见到最高点 6103.62（A1），之后开始出现下跌（A1-B1），在两年后，也就是 1999 年 5 月出现长下影线，最低点 2521.081（B1）；形成底部之后开始上涨（B1-C1），一个月后出现高点 4896.042（C1），见顶调整到 1999 年 12 月，最低点 3284.794（D1），之后指数出现暴涨，直到 2000 年 8 月的 5062.287 点（E1）。连接高低点可以看到一个明显的下跌初始模型。第二波上涨拉升 1777.493 点，振幅为 54.11%。

第一个箱体

第一波下跌 A1-B1：6103.62 点至 2521.081 点

其后演化

第一波上涨 B1-C1：2521.081 点至 4896.042 点

第二波上涨 D1-E1：3284.794 点至 5062.287 点

中间一波下跌 C1-D1：4896.042 点至 3284.794 点

第二个箱体是 2001 年 4 月到 2003 年 6 月，指数从 2001 年 4 月最高点 5091.457（A2）开始出现下跌（A2-B2），直到 2002 年 1 月出现长下影线止跌，最低跌至 2261.907 点（B2），止跌之后指数开始上涨（B2-C2），2002 年 7 月涨到 3586.059 点（C2），见顶之后股价继续调整，到 2003 年 1 月见底，最低跌至 2673.250 点（D2），之后指数开始最后一波拉升（D2-E2），同年 4 月达到高点 3525.869（E2）。第二波上涨拉升 852.619 点，区间振幅为 31.89%。

第二个箱体

第一波下跌（A2-B2）：5091.457 点至 2261.907 点

其后演化

第一波上涨（B2-C2）：2261.907点至3586.059点

第二波上涨（D2-E2）：2673.250点至3525.869点

中间一波下跌（C2-D2）：3586.059点至2673.250点

第三个箱体是从2004年4月到2007年10月，指数从4187.230点（A3）开始出现一轮下跌，直到2005年6月在2590.533点（B3）止跌，之后指数开始上升（B3-C3），2005年8月出现高点3147.565（C3），见顶之后股价进入第二波下跌（C3-D3），同年11月达到低点2593.325（D3），之后股价进入最后一波长达23个月的上涨（D3-E3），演绎最后的疯狂，最终达到2007年10月的19600.026点（E3），上涨17006.701个点，振幅达655.79%。连接高低点，在第三个箱体中形成下跌初始模型。

第三个箱体

第一波下跌（A3-B3）：4187.230点至2590.533点

其后演化

第一波上涨（B3-C3）：2590.533点至3147.565点

第二波上涨（D3-E3）：2593.325点至19600.026点

中间一波下跌（C3-D3）：3147.565点至2593.325点

第四个箱体是从上一箱体的高点，也就是2007年10月到2010年11月，共经历两波下跌和两波上涨，第一波下跌（A4-B4）紧接着上一个箱体中最后的上涨（D3-E3）。从2007年10月的19600.026点（A4）开始见顶调整，一年后出现低点5577.229点（B4，2008年10月），第二波下跌（C4-D4）是从2009年12月（C4）开始，历时7个月，即在2010年7月的8945.204点（D4）见底；第一波上涨（B4-C4）是出现在两次下跌之间，即 2008 年 10 月到 2009 年 12 月，指数从 5577.229 点（B4）开始上涨直到 14096.867 点（C4），最后一波上涨（D4-E4）是从 2010 年 7 月的 8945.204 点开始（D4），到同年 11 月见到 13936.880 点（E4），上涨 4991.676 个点，振幅为 55.80%。

第四个箱体

第一波下跌（A4-B4）：19600.026 点至 5577.229 点
其后演化
第一波上涨（B4-C4）：5577.229 点至 14096.867 点
第二波上涨（D4-E4）：8945.204 点至 13936.880 点
中间一波下跌（C4-D4）：14096.867 点至 8945.204 点

第五个箱体从 2010 年 11 月到 2013 年 2 月，共历时两年零三个月，走出一个下降初始模型。指数从 13936.880 点（A5）开始第一轮下跌（A5-B5），到 2012 年 1 月见底，最低点是 8486.576 点（B5）；之后指数开始上涨，同年 5 月见顶，最高点是 10616.278 点（C5）；紧接着股价开始第二波下跌（C5-D5），7 个月后，即在 2012 年 12 月指数见底于 7660.450 点（D5），之后股价开始最后一波拉升（D5-E5），2013 年 2 月到达高点 10057.972 点（E5），不到三个月的时间拉升了 2397.522 点，振幅为 31.30%。

第五个箱体

第一波下跌（A5-B5）：13936.880 点至 8486.576 点
其后演化
第一波上涨（B5-C5）：8486.576 点至 10616.278 点
第二波上涨（D5-E5）：7660.450 点至 10057.972 点
中间一波下跌（C5-D5）：10616.278 点至 7660.450 点

通过前面的例子我们可以发现，类似于上涨初始模型，下跌初始模型在长周期里也会表现得很明显。同样的，下跌初始模型中股价波动的空间和时间的规律性也比较低，尽管模型架构符合，具体高低点的时空可能不一致。

同上涨初始模型一样，下跌的初始模型在个股长周期中也适用，如图 1.2.J 所示：

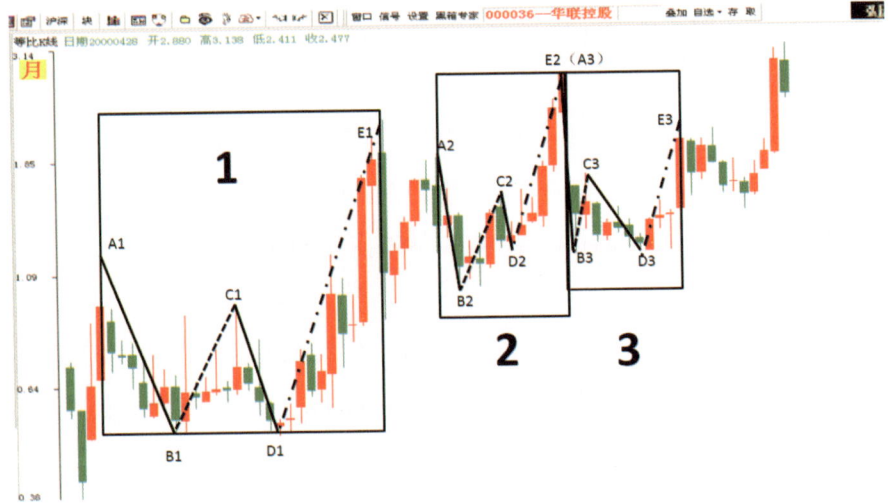

图 1.2.J 华联控股除权后的月 K 线走势图

图 1.2.J 是 000036—华联控股的月 K 线走势图，我们可以看到，走势中共形成了三个下跌初始模型，分别用箱体1、2、3标识出来。第一个箱体，股价从 1994 年 9 月的 1.161 元（A1）开始迎来第一轮下跌（A1-B1），直到 1995 年 4 月以 0.511 元（B1）见底，之后股价开始反弹（B1-C1），2005 年 10 月涨到 0.924 元（C1）之后，股价开始回落（C1-D1），1996 年 2 月到达 0.503 元（D1），受前期低点 0.511 元支撑开始最后一波上涨（D1-E1），1996 年 12 月出现最高价 2.233 元（E1），连接高低点形成下跌初始模型。

第一个箱体

第一波下跌（A1-B1）：1.161 元至 0.511 元

其后演化

第一波上涨（B1-C1）：0.511 元至 0.924 元

第二波上涨（D1-E1）：0.503 元至 2.233 元

中间一波下跌（C1-D1）：0.924 元至 0.503 元

第二个箱体在 1997 年 5 月出现一个头部，最高价 1.864 元（A2），此后出现了连续两个月的下跌（A2-B2），最低跌至 1997 年 7 月的 0.994 元（B2），见底之后股价上涨至 1997 年 11 月的 1.578 元（C2），见顶之后股价开始回落（C2-D2），至 1997 年 12 月出现低点 1.188 元（D2），见底之后出现了最后也是最大的一次上涨（D2-E2），最终在 1998 年 5 月到达最高点 2.755 元（E2）。

第二个箱体

第一波下跌（A1-B1）：1.864 元至 0.994 元

其后演化

第一波上涨（B1-C1）：0.994 元至 1.578 元

第二波上涨（D1-E1）：1.188 元至 2.755 元

中间一波下跌（C1-D1）：1.578 元至 1.188 元

第三个箱体从 1998 年 5 月 2.755 元（A3）开始下跌，直到 1998 年 8 月出现底部，最低点 1.182 元（B3），见底之后开始反弹（B3-C3），1998 年 9 月到达高点 1.401 元（C3），之后股价进入长达六个月的调整（C3-D3），在 1999 年 2 月出现最低点 1.179 元（D3），最后出现一波上涨（D3-E3），从 1.179 元上涨到 1999 年 6 月的 2.163 元（E3）。

第三个箱体

第一波下跌（A3-B3）：2.755 元至 1.182 元

其后演化

第一波上涨（B3-C3）：1.182 元至 1.401 元

第二波上涨（D3-E3）：1.179 元至 2.163 元

中间一波下跌（C3-D3）：1.401 元至 1.179 元

从图 1.2.J 中，我们可以看到，下跌初始模型中，共有两波下跌（图中实线标注部分）和两波上涨（图中虚线标注部分），第二波上涨的幅度往往超过第一波上涨，即模型中第二根虚线长度超过第一根虚线长度，如果我们提前知道了下跌初始模型的这种规律，那么第二次回调低点就是我们最佳的介入时机，如图：

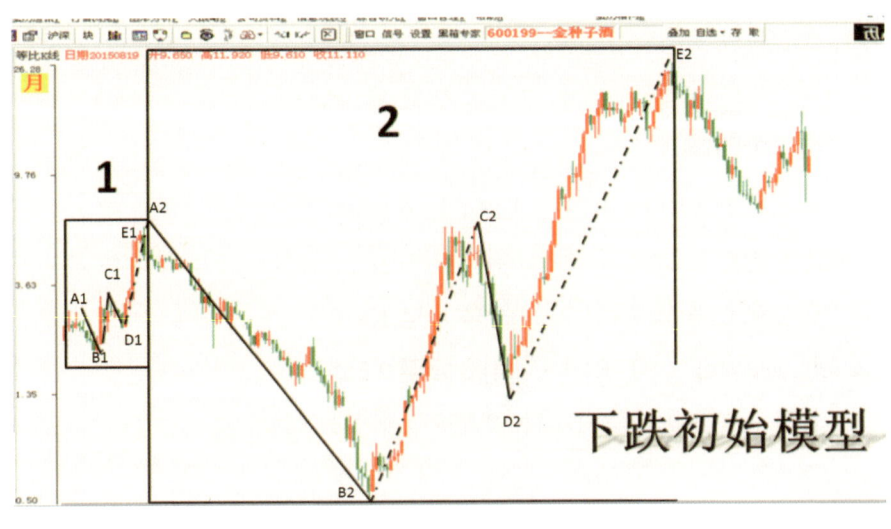

图 1.2.K 金种子酒月线走势图

图 1.2.K 是 600199—金种子酒的月 K 线走势图，在图中出现了两个下跌初始模型（箱体 1 和箱体 2）。首先来看第一个下跌初始模型，该

股从上市后出现了一个月的上涨,即出现一个头部,也就是 1998 年 9 月最高价是 2.86 元(A1),此后出现了连续几个月的下跌(A1-B1),最低跌至 1999 年 4 月的 1.94 元(B1),形成低点,见底之后股价上涨至 1999 年 6 月的 3.25 元(C1),见顶后出现调整直到 1999 年 12 月的 2.45 元(D1),见底之后出现了最后一次上涨(D1-E1),也是最大的一波上涨,最高涨至 2000 年 6 月的 6.09 元(E1),连接高低点就会出现一个明显的下跌初始模型。

第一个箱体

第一波下跌(A1-B1):2.86 元至 1.94 元

其后演化

第一波上涨(B1-C1):1.94 元至 3.25 元

第二波上涨(D1-E1):2.45 元至 6.09 元

第一波下跌(C1-D1):3.25 元至 2.45 元

第二个下跌初始模型经历的时间比较长,从 2000 年开始至 2012 年结束,历时 12 年之久,我们很难想象这种大周期下的规律表现,对于长线投资者来说,找准演化的第二波上涨是最丰厚的投资机会。在图中可以看到,股价自 2000 年 6 月的 6.09 元(A2)开始,经过了长期的下跌直到 2005 年 7 月的 0.5 元(B2),耗时五年之久,跌去了 90% 以上的利润,出现了低点;本次见底之后同样也出现了长时间的上涨(B2-C2),最高涨至 2008 年 1 月的 6.04 元(C2),接近前期 6.09 元的高价,此后股价出现下跌直到 2008 年 10 月的 1.28 元(D2)才见底,接下来股价出现了最后的疯狂(D2-E2),最高涨至 2012 年 7 月的 26.38 元(E2),获利达到了 20 多倍,利润非常的惊人。而如果我们提前知道了下跌初始模型的规律,那么回调低点就是我们最佳的介入时机。

第二个箱体

第一波下跌（A2–B2）：6.09 元至 0.5 元

其后演化

第一波上涨（B2–C2）：0.5 元至 6.04 元

第二波上涨（D2–E2）：1.28 元至 26.38 元

第一波下跌（C2–D2）：6.04 元至 1.28 元

正如上文所讲，在下跌初始模型中，因为第二波上涨幅度往往大于第一波上涨幅度，所以第二波下跌的回调低点就是我们最佳的买入时机，而第二波上涨的幅度就是我们投资者的利润区间。

在前文深证成指下跌初始模型的例子中（图 1.2.I），笔者特别计算出了每一个箱体的最后一波上涨中指数从低点到高点的振幅，现在笔者把这些数据单独统计一下，它们分别为：第一个箱体 54.11%；第二个箱体 31.89%；第三个箱体 655.79%；第四个箱体 55.80%；第五个箱体 31.30%；平均振幅 165.778%。通过数据统计，我们可以看到，在深证成指的例子中，最后一波上涨的幅度从百分之三十多到百分之六百多不等，而在平时对大量数据的观察统计中，不论是在大盘还是个股，下跌初始模型中最后一波上涨的涨幅很少有低于 30% 的情况。也就是说，从获利空间的角度讲，在下跌初始模型中的回调低点，是绝佳的买入时机。

在股市中，风险与机遇并存，机会永远不会缺少，但风险同样很多，如果投资者只注重利润而忽视了股市中的风险，很可能会竹篮打水一场空，甚至造成亏损，所以入场时机的选择，安全性是不容忽视的因素之一，下面我们就从安全性的角度，来看一下第二波回调的低点，是否为入场良机。

在股市中如何获得收益？简单来说，就四个字——高抛低吸，但是高抛低吸说来容易，能够做到的却寥寥无几，甚至许多投资者会反过来，买在高点、卖在低点,这又是为什么呢?在实战中我们会发现,股价的最低点往往是难以把握的,因为只有主力介入开始拉升,股价才会形成低点。作为散户投资者,我们能不能知道庄家主力何时入场拉抬股价?答案是:不能。下面我们将继续讨论下跌初始模型,如图 1.2.L 所示:

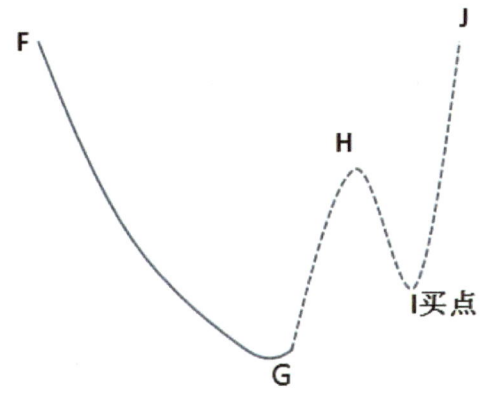

图 1.2.L 下跌初始模型

I 点是见底之后的回调低点。作为买点相对来说在低位,并且容易判断,往往伴随着成交量的萎缩,尤其是下跌缩量更为明显。前文中我们说过最低点是不容易把握的,且低点的出现需要确认,否则我们抄底时很容易就抄到了下跌过程中的反弹,甚至直接被套。因此 I 点就变成了投资者介入市场的非常好的买点。

相对来说 J 点作为第二波上涨的高点,成为同级别上涨的最佳卖点,但是实际的交易过程中,下跌初始模型同上涨初始模型一样,需要遵循时间与空间上的条件,即 GH < IJ < FG。

另外,当 J 点和 F 点处于同一水平位上的时候,需要警惕头部的到来,而当 J 点有效突破 F 点后,此时若出现头部则需更加小心,当然,仍然可以用上述的时空条件测算出头部的大概位置。

小 结

让我们回顾并且深化一下前文中总结的上涨初始模型和下跌初始模型的规律。

通过上面的讲解，我们掌握了上涨初始模型和下跌初始模型的识别，同时，在实际的运用过程中要注意以下几点：

1. 初学者在大周期下运用效果最好，建议用月K线观察。

2. 模型的时间和空间不是固定的，比如说图1.2.D和图1.2.L中的E点和J点，在正常的状态下一般不会创出前期的新低点或新高点，也就是E点大于A点，J点小于F点。他们之间也存在着具体的比率，在这里就不涉及了。

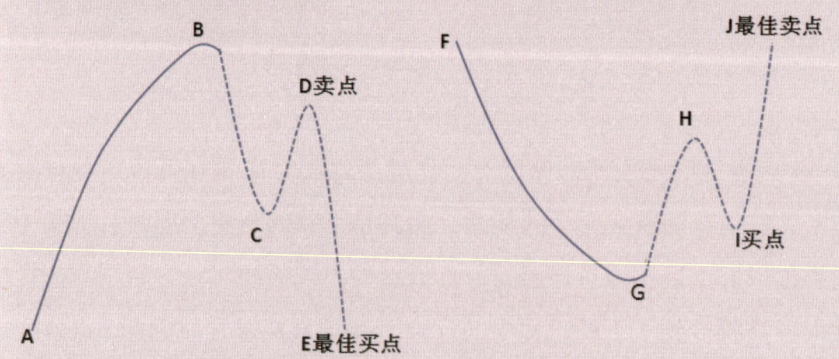

图1.2.D 上涨初始模型　　　　图1.2.L 下跌初始模型

3. 在实际交易过程中，买卖点的把握也很重要，前文中我们总结了下跌初始模型中最佳买卖点的选择，同理，在上涨初始模型（图1.2.D）中，也存在着最佳买卖点，如图，D点是下跌反弹的卖点，也就是形成的第二个头部的高点。在实战的过程中我们发现，历史的最高点很难把握，绝对高点往往是主力刻意而为的，或者说是最后一个买进的人入场才出现的，上涨都是人为推动的，最高点更是这样。所以对于大多数投资者来说，D点形成的第二个头部成了投资者真正能把握的高点。在上涨初始模型中，对于中期投资者而言，E点是最佳的买点，不仅风险得到了足够的释放，而且反转在即，预示着新行情的启动。原则上E点需要具备时间和空间的条件，在时间和空间上它们都要遵循BC＜DE＜AB这一条件；另外E点本身的位置也很重要，若E点低于A点且DE＞BC，反转往往一触即发，只要等待反转信号出现就行了。

4. 在图1.2.D中可以看到，AB上涨的角度相对于BE下跌的角度要缓一些，BC下跌的角度相对于DE下跌的角度要缓一些，这也是我们确定E点的一个前提。当然，E点的买入还是需要根据其他技术分析方法明确确认。下跌初始模型也是一样，只不过变成了买点和最佳卖点。

总而言之，初始模型只是轮廓模型，不可以作为精确判断买卖点的方法，它是技术分析图形中的骨骼，通过它可以看出股价波动的脉络。或者说初始模型是我们买卖交易和选股的大原则，在这个原则下，我们抱着宁可错过不要做错的原则去交易，毕竟股市中缺少的不是机会，而是盈利的几率。

第三节 初始模型分裂

"股市就是这么简单吗?""怎么可能呢?""所有的股票都是这样吗?"这三个问题估计是读者在看完前两节后心中最大的疑问,当然我也希望股市真的就是这么简单,可惜事与愿违。投资者总是期望用最简单最万无一失的方法来战胜股市,但是结果往往是经过百般艰辛后仍徒劳而无所收获。为什么会这样呢?其实这也是很多投资者一直以来内心中的疑虑,很多的投资者在进入股市之前都是某一领域或某一行业里的佼佼者,但是进了股市以后却变得手足无措,使尽浑身解数仍不能掌握其中的奥秘,这些都是由错误的投资心态所导致的。

更多的理念笔者在这里就不赘述了,如果笔者问你:股市很简单吗?炒股很简单吗?我想你一定会回答"不简单"。那么我再问你:既然股市本身并不简单,那么可能会存在最简单有效征服股市的方法吗?回到我们的主题上来,我们已经学会了初始模型,它真的就这么简单吗?其实初始模型只代表股市的基本波动规律,而在实际的股价波动中,初始模型会不断的演变和分裂。在上节中引用了《道德经》的"一生二,二生三,三生万物"来阐述初始模型的表现形式,对于初始模型来说,这句话其实是非常形象的,因为初始模型的分裂模式是每一个"一"都会变成"三",即每一个阶段都可能会"一分为三",这样就形成了上涨初始模型的分裂,如图 1.3.A 所示:

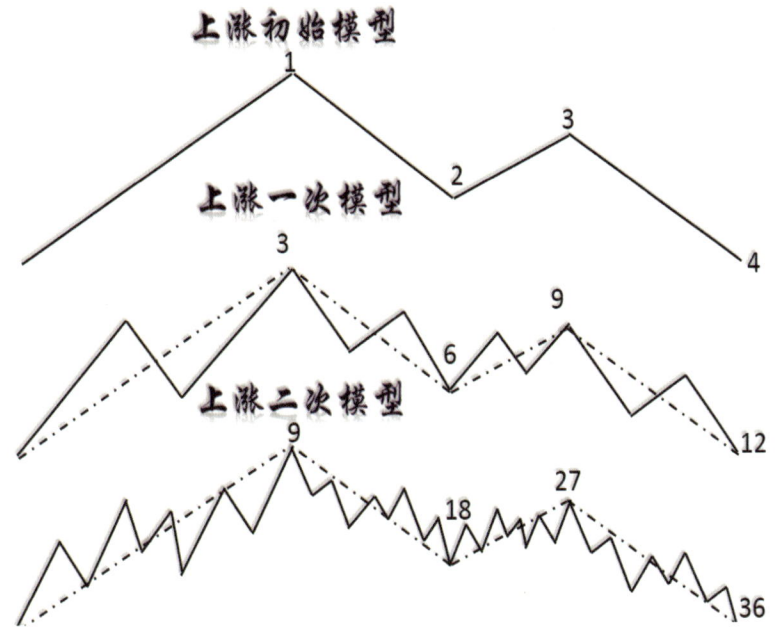

图 1.3.A 上涨初始模型分裂示意图

在图 1.3.A 中，最上面的是上涨初始模型，一波上涨演化出两波下跌和一波上涨，每一段都是1，我们用数字来累计波段数，这样原来上涨初始模型的波段就变成了"1、2、3、4"，在每一个"1"都变成了"3"以后，就形成了上涨一次模型，也就是说任何一波都变成了"3"，那么原来的"1、2、3、4"就变成了"3、6、9、12"，初始上涨模型也就分裂为了上涨一次模型，我们称这种变化为上涨初始模型的分裂。图中的虚线代表的是初始上涨模型。上涨二次模型是在上涨一次模型的基础上，又进行了一次分裂，即原来的每一个小波段又都从"1"变成了"3"，上涨一次模型中的"3、6、9、12"再次分裂以后就变成了"9、18、27、36"，同样，虚线代表的是上涨初始模型，此时股价的波动就开始变得复杂难懂了，但是还能依稀的识别出上涨初始模型。同样的道理，下跌初始模型的分裂也是如此，如图 1.3.B 所示：

图 1.3.B 是下跌初始模型的分裂过程，和上涨初始模型一样，也是"1"

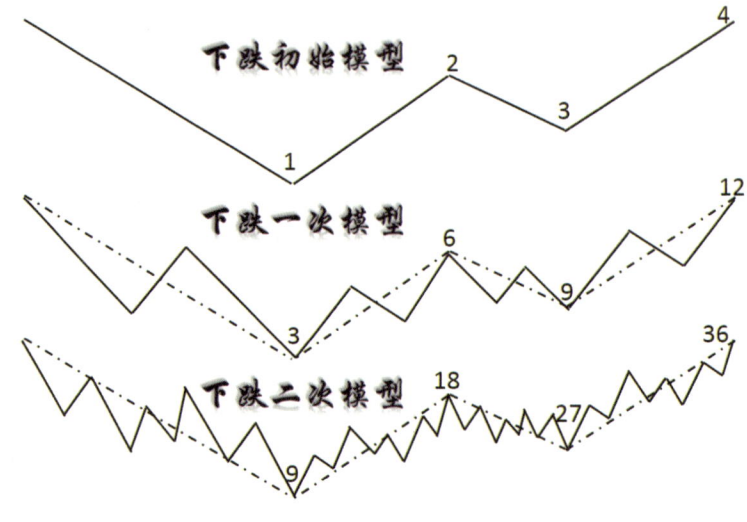

图 1.3.B 下跌初始模型分裂示意图

变成"3"的过程。首先我们看到的是下跌初始模型,一波下跌演化出两波上涨和一波下跌,也就是一波演化出三波,波段排列是"1、2、3、4";而经过分裂过后上面的每一个"1"都变成"3",这样就形成了下跌一次模型,在下跌一次模型中初始模型每一个波段都成了"3",即波段排列就变成了"3、6、9、12";下跌二次模型是在一次模型的基础上的再次分裂,这样波段排列就变成了"9、18、27、36"。此时,如果没有虚线的提示,已经很难辨认出它是由下跌初始模型分裂而来的了。

由于 K 线的时间级别越短,股价波动得越频繁,所以在月 K 线走势图上观察初始模型会比较方便,而一次或二次模型最好在周 K 线走势图上观察。

我们来看一下实例,如图 1.3.C 是 000088——盐田港的周 K 线走势图,图中实线是上涨一次模型,而虚线是上涨初始模型。我们可以看到在股价走势中,每一波上涨或者下跌都一分为三,演化为更小级别的三波走势,值得注意的是,由上涨波段所演化的波段为两小波上涨和夹在两次上涨中间的一小波下跌;反之,由下跌波段演化的波段为两小波下跌和夹在两小波下跌中的一小波上涨。

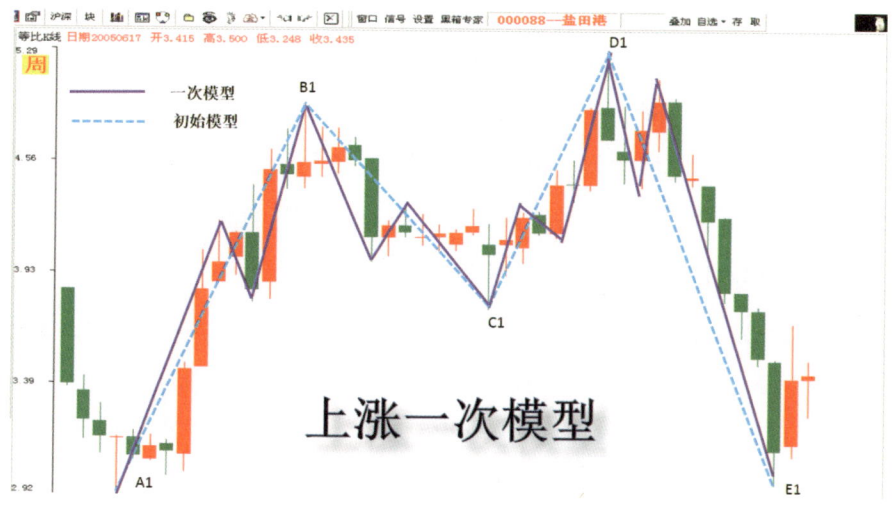

图 1.3.C 盐田港周线走势图

我们同样在周 K 线上观察上涨二次模型，如图 1.3.D 是 000078—海王生物的周 K 线走势图，图中实线表示股价走势，可以看到，走势形成了上涨二次模型，我们同样用虚线把上涨初始模型标示出来。如果不做标注，此时的股价走势已经很难看出上涨初始模型的影子了。

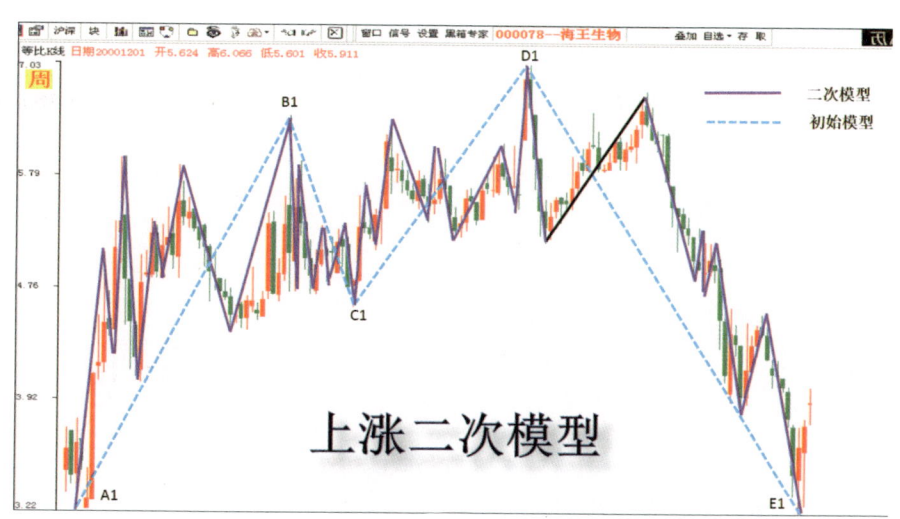

图 1.3.D 海王生物周线走势图

如图 1.3.E 是 000061——农产品的周 K 线走势图，实线代表股价走势，形成了下跌一次模型，虚线代表下跌初始模型。我们可以清楚地看到，与上涨初始模型相同，下跌初始模型中每一段走势都是一分为三，其性质也与上涨初始模型类似，由上涨波段所演化的波段都是两小波上涨和夹在两次上涨中间的一小波下跌；由下跌波段演化的波段为两小波下跌和夹在两小波下跌中的一小波上涨。

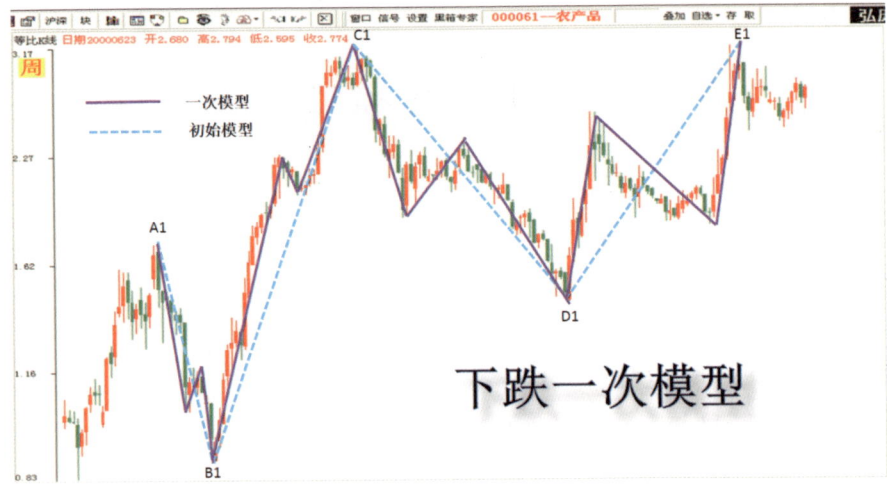

图 1.3.E 农产品周线走势图

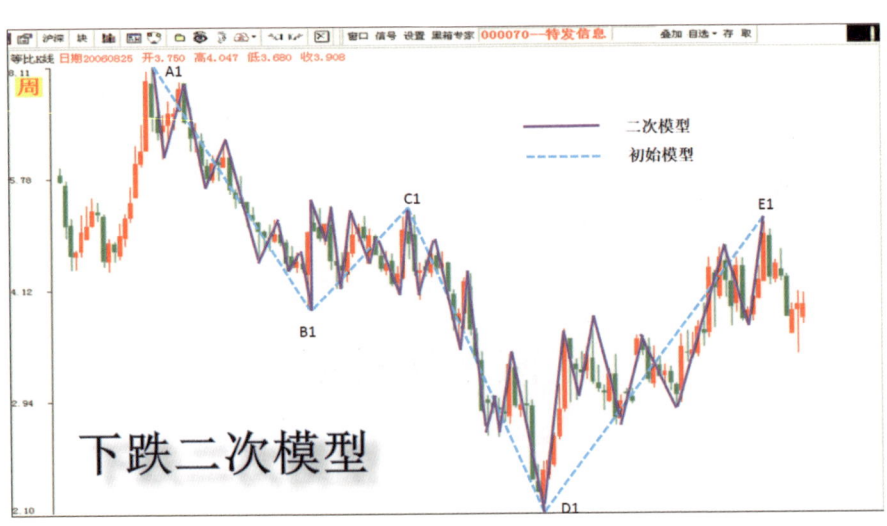

图 1.3.F 特发信息周线走势图

如图 1.3.F 是 000070—特发信息的周 K 线走势图，用实线标注股价，走势形成了下跌二次模型，用虚线把下跌初始模型标注出来，每一波上涨或下跌都一分为九，我们可以看到，走势非常的复杂。

需要注意的是，在初始模型中，不一定每一个波段都会分裂，如图 1.3.G 所示：

图 1.3.G 广聚能源周线走势图

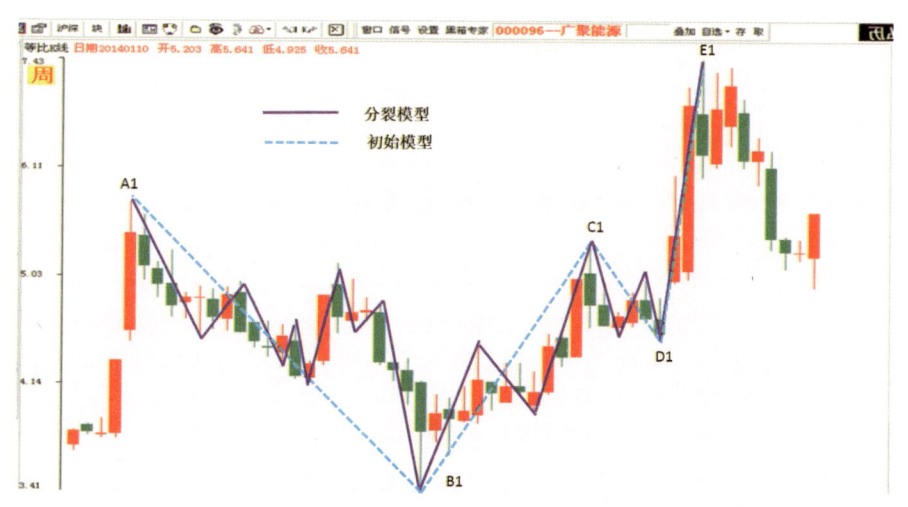

图 1.3.H 广聚能源周线走势图

时空对数法则

图 1.3.G 是 000096—广聚能源的周 K 线走势图，在图中我们可以看到股价的走势形成了下跌一次模型，但是第一波上涨（B1-C1）走势却没有分裂，可见在初始模型分裂时不一定每一段都分裂，即使分裂，也不一定都分裂成一次模型或者二次模型，完全有可能出现混合的情况，如图 1.3.H 所示。

> **小　结**
>
> 　　万事万物都是逐层分化而来的，个体事物发展的过程是从单纯到复杂，并且没有止境的。它们之间是一个相互联系的整体。其实初始模型的分裂就是"一变成三，而三生万物"的过程，它们经过一次次的分裂，就变成我们现在看到的股市中的波动，并且这种分裂带有很多的随机性，比如在初始模型中，不一定每一个波段都会分裂，可能上一个波段分裂了下一个就不分裂，这样更增加了股市波动的复杂性，并且这种复杂是伴随着股价的运行而无止境的。

第四节　一次模型实战

初始模型分裂成一次或二次模型后，如何去辨认？又有哪些要点？这是本节我们要学习的重点。在第二节中讲初始模型实战时，我们讲到上证指数日线走势图的初始模型案例（图 1.2.A），其中每一个箱体都可以清晰的辨认出上涨初始模型，唯独第四个箱体从 1999 年到 2005 年这段时间的走势不是很明显。估计读者在看图的过程中，会觉得太牵强了，并且一点都不明显。通过上一节对初始模型分裂的学习，我们能够知道其实这正是上涨一次模型的形态，如图 1.4.A 所示：

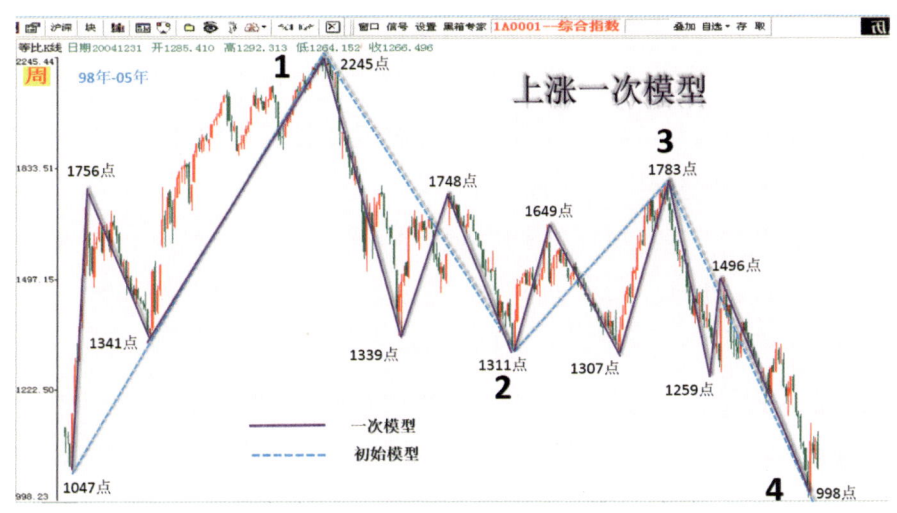

图 1.4.A 上证指数周线走势图

在图 1.4.A 中，我们用虚线标识上涨初始模型，实线就是上涨一次模型。从 1999 年 "519" 行情的 1047 点开始至 2001 年 2245 点结束，这是上涨初始模型的 "1"，分裂后 "1" 变成 "3"，第一波上涨分裂三波，分别为两波上涨和一波下跌：

第一波，上涨：1999 年 5 月的 1047 点至 1999 年 6 月的 1756 点

第二波，下跌：1999 年 6 月的 1756 点至 1999 年 12 月的 1341 点

第三波，上涨：1999 年 12 月的 1341 点至 2001 年 6 月的 2245 点

上涨初始模型 "2" 的下跌是 2001 年 6 月的 2245 点至 2003 年 1 月 1311 点，由此分裂出的三波，分别是两波下跌和夹在下跌之间的一波上涨：

第一波，下跌：2001 年 6 月的 2245 点至 2002 年 1 月的 1339 点

第二波，上涨：2002 年 1 月的 1339 点至 2002 年 6 月的 1748 点

第三波，下跌：2002 年 6 月的 1748 点至 2003 年 1 月的 1311 点

上涨初始模型 "3" 的上涨是从 2003 年 1 月的 1311 点至 2004 年 4

月 1783 点，由此分裂出的三波，分别是：

第一波，上涨：2003 年 1 月的 1311 点至 2003 年 4 月的 1649 点

第二波，下跌：2003 年 4 月的 1649 点至 2003 年 11 月的 1307 点

第三波，上涨：2003 年 11 月的 1307 点至 2004 年 4 月的 1783 点

上涨初始模型"4"的下跌是从 2004 年 4 月的 1783 点至 2005 年 6 月 998 点，由此分裂出的三波，分别是：

第一波，下跌：2004 年 4 月的 1783 点至 2004 年 9 月的 1259 点

第二波，上涨：2004 年 9 月的 1259 点至 2004 年 9 月的 1496 点

第三波，下跌：2004 年 9 月的 1496 点至 2005 年 6 月的 998 点

通过前文中的讲述，我们可以清晰的看到和把握上涨初始模型的分裂过程，并将其应用于市场，这对于做波段的投资者来说是非常好的方法，它可以在每个同级别的转折点发出警示。

同时，由于一次模型几乎都是等波段分裂出来的，即在初始模型中由同一波上涨分裂出来的三波走势中的两波上涨其涨幅往往非常相近，而在初始模型中下跌波段的分裂也具有同样的性质，如此就可以根据之前的涨幅或者跌幅，预测未来的涨跌时间或者空间，如图 1.4.B 所示：

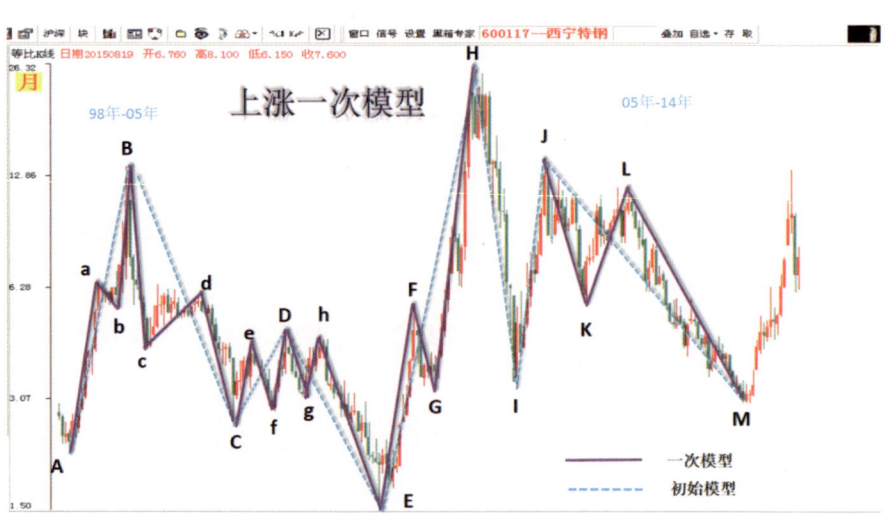

图 1.4.B 西宁特钢月线走势图

图 1.4.B 是 600117—西宁特钢的月 K 线走势图，虚线代表上涨初始模型。第一个上涨初始模型是 ABCDE，第二个上涨初始模型是 EHIJM。其中在第一个上涨初始模型中，每一波都变成了三波，即 AabB，在这三波里，Aa 和 bB 的上涨几乎是等幅的，容易辨认，且 ab 的回调时间较短，是标准的一变三，其他的波段也是如此。具体如下：

上涨初始模型 AB——分裂出波段 Aa、ab、bB

上涨初始模型 BC——分裂出波段 Bc、cd、dC

上涨初始模型 CD——分裂出波段 Ce、ef、fD

上涨初始模型 DE——分裂出波段 Dg、gh、hE

通过前文的讲述，我们可以清晰的在图中找到分裂出的每个波段。由于我们分析的是月 K 线，知道了这种规律以后，可以有效的做好波段，并且能规避市场的风险。同样，第二个上涨初始模型 EHIJM 也出现了分裂，但不是每一波都分裂，而是开始和结束出现了分裂，具体如下：

上涨初始模型 EH——分裂出波段 EF、FG、GH

上涨初始模型 HI——没有分裂

上涨初始模型 IJ——没有分裂

上涨初始模型 JM——分裂出波段 JK、KL、LM

在上一节中，笔者也提到了，在初始模型分裂时，不一定每一个波段都会分裂。即使分裂，也不一定每一个波段都分裂成一次模型或者二次模型。

所以在图 1.4.B 第二个上涨初始模型的分裂过程中，并没有像第一个初始模型那样，每一波都出现了分裂，这样就提高了投资者正确判断股市的难度，这也是在实际分析过程中投资者们经常会遇到的问题。

当然，有问题就会有解决问题的方法。通过观察，笔者发现，看似随机的初始模型分裂中还是存在一些规律的，掌握了这些规律，我们就能更好地把握初始模型的分裂。

比如在这个模型中，只有开始和结束的两个波段有分裂，中间两个没有，而这种情况在股市中是相对普遍的，也就是说在初始模型的分裂中，开始和结束两个波段分裂的概率大于中间两个波段的分裂概率。

因为在初始模型中，一般情况下，中间两波走势的上涨或下跌的幅度要远小于第一波和最后一波走势的涨跌幅度，相应的，开始和结束两个波段中出现模型分裂的概率也要大于中间两波走势。

第二条规律是从波段的涨跌幅角度，初始模型分裂的百分之五十的原则，即不管是涨幅还是跌幅，与前一波相比，只要超过了50%，就意味着初始模型不会分裂了。

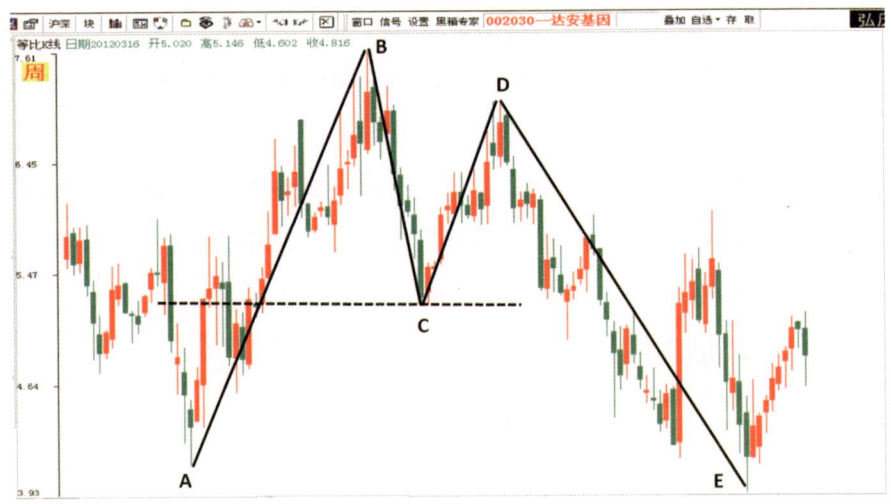

图 1.4.C 达安基因周线走势图

图 1.4.C 是 002030—达安基因 2009 年到 2012 年的周 K 线走势图，我们可以看到图中在 2010 年 5 月 21 日股价运行出现低点（A 点），之后股价开始上涨，直到 2010 年 11 月 26 日见顶出现高点（B 点）；股价见顶之后开始调整，在 2011 年 1 月 21 日见底反弹（C 点），并于 2011 年 4 月 15 日见到高点（D 点），然后股价开始回调，一直到 2012 年 1 月 6 日下跌到 E 点。连接高低点，我们可以看到，股价走势形成了一个上涨初始模型 ABCDE。模型的分裂情况：

上涨初始模型第一波上涨 AB——分裂

上涨初始模型第一波下跌 BC——未分裂

上涨初始模型第二波上涨 CD——分裂

上涨初始模型第二波下跌 DE——分裂

我们可以看到，模型 ABCDE 中，只有 BC 段没有分裂，从涨跌幅的角度来分析，我们过 C 点做一条平行线，可以清楚地看到 BC 段的调整幅度已经大于 AB 段的上涨幅度的一半，那么根据初始模型分裂的 50% 原则，BC 段不会分裂，在实际应用中我们一旦发现 BC 段的调整幅度大于 AB 段涨幅的一半了，则 BC 段就不会再出现分裂了，那么此时股价一旦见底，就是良好的买入时机。

上一个案例中我们研究了下跌波段，下面我们来看一下上涨波段，如图 1.4.D：

图 1.4.D 华帝股份周线走势图

图 1.4.D 是 002035—华帝股份 2010 年到 2012 年的周 K 线走势图，2010 年 7 月 2 日至 12 月 10 日，股价从 A 点上涨到 B 点，2010 年 12 月 10 日到 2011 年 6 月 3 日，股价见顶回调至 C 点，2011 年 6 月 3 日股价开始第二波上涨，直到 8 月 19 日出现 D 点见顶回调至 2012 年 1 月 20 日的 E 点。同样连接高低点，看到股价走势形成了上涨初始模型

ABCDE，则其分裂情况如下：

上涨初始模型第一波上涨 AB——分裂

上涨初始模型第一波下跌 BC——分裂

上涨初始模型第二波上涨 CD——未分裂

上涨初始模型第二波下跌 DE——分裂

我们可以看到，这一次上涨波段 CD 没有发生分裂，过 D 点做一条平行线，如图 1.4.D，可以看到 CD 的涨幅已经超过 BC 的跌幅的一半，则 CD 段不会分裂。在实际应用中，一旦我们发现 CD 段涨幅超过 BC 段跌幅的一半，且股价出现顶部，则应果断卖出，持币观望。

小　结

通过本节的学习，我们知道了初始模型分裂为一次模型，模型中每一个波段都会一分为三。

由此我们可以把握初始模型的分裂过程，并将其应用于市场，它可以在每个同级别的转折点发出警示。同时，由于一次模型几乎都是等波段分裂出来的，即在初始模型中由同一波上涨或下跌分裂出来的三波走势，其中的两波上涨其涨幅往往非常相近，我们可以通过这条规律对后市进行预测。

需要注意的是，在初始模型分裂时，不一定每一个波段都会分裂。也不一定每一个波段都会分裂成一次模型或者二次模型。在实际应用中，我们可以通过初始模型分裂的百分之五十原则和初始模型分裂时开始和结束两个波段分裂的概率较大的规律，帮助我们更好地在实战应用中研判股市、获取收益。

投资者成功与否，是与他是否真正了解这项投资的程度成正比的。

——沃伦·巴菲特

第二章　价格基本波动规律
——平方根在股价测算中的应用

本章将会告诉你股价波动的规律，这是一种轮廓分析方法，也是基于单纯价格波动在市场中的影响，更像是自由落体和匀速运动，是股价在没有其他因素影响下的一种波动规律。

第一节　探秘股价波动规律

数字是价格的表现形式，所以股市中价格的变化就是数字的变化，股市中的种种变化也和数字有着密不可分的关系。在几百年的股市投资过程中，无数的投资者一直都想弄明白一个问题：价格的变化有着什么样的规律？或者说怎么才能知道未来股价的位置？数百年来，人们一直希望能够找到一种简单而准确的方法来对股市进行预测，实际上，为了弄清楚股市的奥秘，投资者们从未停下探索的脚步，人们尝试过各种途径，至今仍没有找到一个精确且易懂的方法。但是很多投资大师都注意到一个问题：股价就是数字，涨跌位置的规律会不会也遵循数字的规律呢？

那么问题也随之而来，假如两只股票价格都是10元，一只涨到了11元，另一只却跌到了9元，它们的这种变化在数学的角度上有什么

时空对数法则

内在联系呢？这个问题曾使无数投资大师困惑，它的答案直到上世纪四十年代，才逐渐地被一些投资大师揭开，并且由此出现了众多的技术派大师。令人惊叹的是，至今为止所有的技术分析体系都已经在那个时代完美地呈现了，道氏理论、波浪理论、江恩理论至今仍被人们广泛使用，江恩、查尔斯等投资大师的成名更多地在于他们精准的预测体系。当时更有另一位大师马雷夏尔，在1933年利用算术，预测了下一个50年股市的走势，他的预测非常成功，后来的走势和他预测的结果非常相像。马雷夏尔大师为他的方法申请了专利，可惜的是，这位大师活到90多岁也没有将他的方法传授他人，而股价的秘密也随着他的逝世一同被带到坟墓里去了。当所有的人都愤恨这位大师的小气时，江恩、查尔斯、艾略特等大师却都慷慨的留下了自己的著作，将自己的理论和方法传承了下来，供后来者学习钻研。有趣的是，几位大师的方法都是建立在数学的基础上，由此可见，数字中包含了股市的所有秘密。

二十世纪前叶，准确的说是1935年，美国形态技术分析的先驱加特略（H.M.Gartley），推出震撼投资界的著作《股市利润》（Profits In The Stock Market），当时以每本1500美元的天价限量售出1000册，以当时正处于经济大萧条时期美国的购买力，这本书可以买到三辆全新的福特汽车！

在这本天价股市奇书中有一个秘密的提示：股价的运行就是数字的变化，数字则以平方根的形式在运行。因为平方根后的数字会变小，越小越趋同，越小越精确；还因为平方根后的数字，是以匀速的方式运行的。这种方法被称为股价的X光片，可以看到股价的骨骼，可以看到股价运行的脉络，这是股价波动的基本规律，是用来诠释大级别顶部或底部的方法，因此这种方法也被称为"大顶大底预测法"。

说了这么多你可能还是不知所云，到底是什么样的规律呢？这个规律是《股市利润》作者加特略经过大量统计验证的结果，而这一切的源头来自于一个发人深省的疑问：假如两只股票价格都是100元，且它们的行业、地域、业绩、流通盘等基本资料都是一样的，那么它们的波动会一样吗？如果不一样又遵循什么规律呢？为了解答这个问题，加特略经过大量的统计和计算，以多个国家的股市交易数据为蓝本，得出了一个规律：他发现 100 元的股票向上涨总是在 121 元左右会有较大的调整，向下跌总是在 81 元左右就会出现较大级别的上涨。为什么会这样呢？因为 100 的平方根是 10，121 的平方根是 11，81 的平方根是 9，那么股价 81、100、121，它们的平方根就是 9、10、11。此时他恍然大悟，股价的波动原来是以平方根运动的呀！如果将股票的交易价格都开平方根，就能发现股价的波动规律，所以这种方法也被称作"根号判顶底"。

其实最早发现这个规律的还不是加特略，而是麦考利。麦考利（fred R macaulay）是美国国家经济研究局的博士，他在 1931 年的 The Annalist 杂志上发表了一篇文章，麦考利博士研究了大量的牛熊市股价关系散点图，结果他发现，*股价在平方根的刻度下，倾向于按照相同的增量移动*。他的这个发现其实比加特略的研究还要更近一步，因为相同的增量就不会限制于整数，详细的运用将在下一节论述。

总而言之，把价格开平方根是褪去股价表面迷雾的利器，是用最简单的方式揭示出股价波动的基本规律。

小 结

数是上帝身体的语言，数是最简单的美。数字的魅力不仅在于它在数学上的作用，在股市中我们同样可以看到数字每时每刻都在展现它的神奇。

数字，是价格的表现形式；规律，是技术分析诞生的基础。因为股价波动的规律也遵循数学的规律，只有在对过去的观察中掌握了规律，才能在对将来的预测中获得利润。正如唐太宗李世

> 民所说："以史为鉴，可以知兴替。"在国家兴亡的层面是这样，在股市中投资者个人的获利情况又何尝不是如此呢？
>
> 　　本节中笔者列举了数位技术分析大师，他们的理论传承久远，他们的成功令人艳羡，然而这一切的一切，皆是来源于简单的数字，小小的规律。
>
> 　　规律的发现或许要花费大量的时间和精力，但规律的使用却并不难，本节中笔者提到了"股价在平方根的刻度下，倾向于按照相同的增量移动"的规律，下面让我们来一起探寻它的用法吧。

第二节　数中有数——大顶大底预测法

　　通过上一节的讲述，我们初步对股价波动的基本规律有了了解，知道股价的波动是沿着平方根后的数值运行的，这其实就是模型理论里的数中有数。在模型理论的数形研究中，数中有数是市场内在的规律，将所有的空间数字进行分解和组合就变成新的走势，找到了数中有数的某一条规律，就变成我们预测未来的计算依据。

　　道理虽然很简单，但是在实际的运用过程中，还是有适用范围和规则的，因为股价的波动往往不是整数，或者开根号后不是整数。那么应该如何进行计算呢？比如一个股价为10元的股票，它上涨的头部和下跌的底部会在哪里呢？首先求出10的平方根是3.16，那么3.16加1（开根号的结果不是整数，可四舍五入选取小数点后两位即可）即：3.16+1=4.16，再将4.16进行平方，得到17.31，这就是股价上涨的头部位置。同理，如果下跌就会到2.16（3.16-1=2.16），那么2.16的平方是4.67，4.67就是股价的底部位置。通过上面的计算过程可以知道，一只10元的股票，忽略其他影响股价的因素后单纯的价格波动，会出现头部的价格是17.31元，跌到4.67元就容易形成底部，这就是根号判顶底的计算过程。由此可以得到一个计算公式，如果设起点是S，那么就可以得出：

上涨头部 = $(\sqrt{S}+1)^2$ 　　　　下跌底部 = $(\sqrt{S}-1)^2$

在这个公式中的"1"就是一个单位，如果股价有效突破了预测头部，或者有效跌破了预测底部，就要再进一个单位，也就是加2或减2了。根据笔者的大量验证，最多就加2或减2，股价再次跌破或突破后就不能直接加减了，需要重新选择低点或高点，重新预测股价顶部或底部。我们先来看几个案例，如图所示：

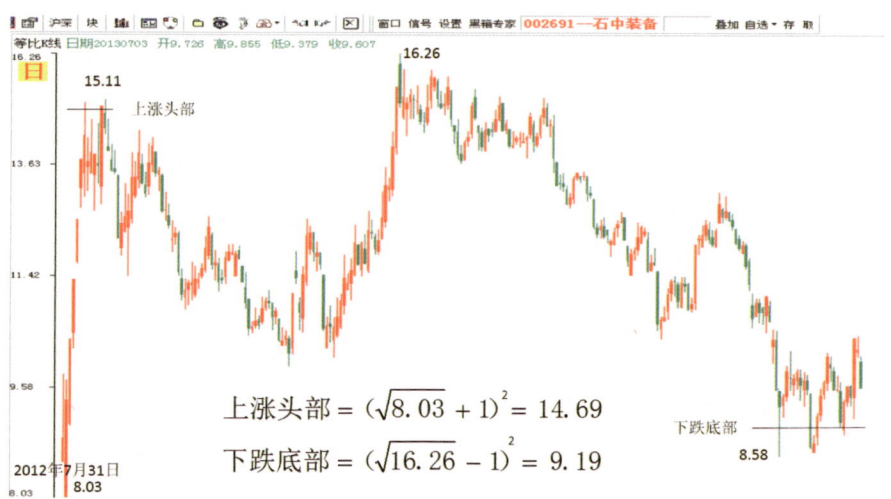

图 2.2.A 石中装备日线走势图

在图 2.2.A 中，002691—石中装备自 2012 年 7 月 31 日上市以来，走势非常强劲，次日低开高走最低跌至 8.03 元，收盘高于前一天的收盘价，当日换手率是 68%，第三日涨停换手率 72%。有一个针对新股的战法是，新股上市三日内出现涨停，且换手率在 70% 以上，是主力强势入场的信号，应该果断进入。随后股价连续三日出现涨停，然后该股停牌三天，8 月 13 日复牌，最高到 15.11 元。依据上面的公式计算该股的上涨高度：首先求出 8.03 的平方根是 2.83，股价再次上涨，应该用 2.83 + 1 = 3.83，最后求出 3.83 的平方是 14.69，那么 14.69 元就是股价上涨将要到达的位置，所以当股价的上影线正好打到这个位置时应该落袋为安（注：此处特指对股市风险的回避），虽然 8 月 20 日收盘突破 14.69 元，但是次日就被跌穿。这里我们需要弄清一个概念：有效突破。有效突破是以"双三原则"为标准的，即要么收盘价突破百分之三，要么三日收盘价均在压力位以上。在此例中，计算出的价格是 14.69 元，也就是说需要三天的收盘价都高于 14.69 元，如果股价符合了有效突破的条件，就会涨到下一个位置，即 2.84 + 2 = 4.84，4.84^2 = 23.43 的位置。

具体计算过程如下：

已知：S = 8.03

求：上涨头部

解：代入公式，上涨头部 = $(\sqrt{S}+1)^2$ = $(\sqrt{8.03}+1)^2$ = 14.69

已知：S = 16.26

求：下跌底部

解：代入公式，下跌底部 = $(\sqrt{S}-1)^2$ = $(\sqrt{16.26}-1)^2$ = 9.19

像这样用最简单的方法算出股价的上涨顶部，就能规避市场的不确定性风险。这里要注意一个细节：选取的起点（S 点）开根号后得出来的结果，若不是整数，则小数点以后按照四舍五入保留两位的原则。

再看一个下跌的例子，如图所示：

图 2.2.B 是 002462—嘉事堂的周 K 线走势图。自 2010 年 8 月 18 日上市后，第二天最低下跌到 12.9 元，探底反弹当日出现涨停。新股第二日就出现涨停，刚上市的股票到底是什么力量能把它拉涨停？大多数股民都不喜欢买新股，尤其是刚上市的股票，而在股市中大多数人往往是赚不到钱的，只有成为少数人才能获得满意的回报，所以这应该引起你的注意。

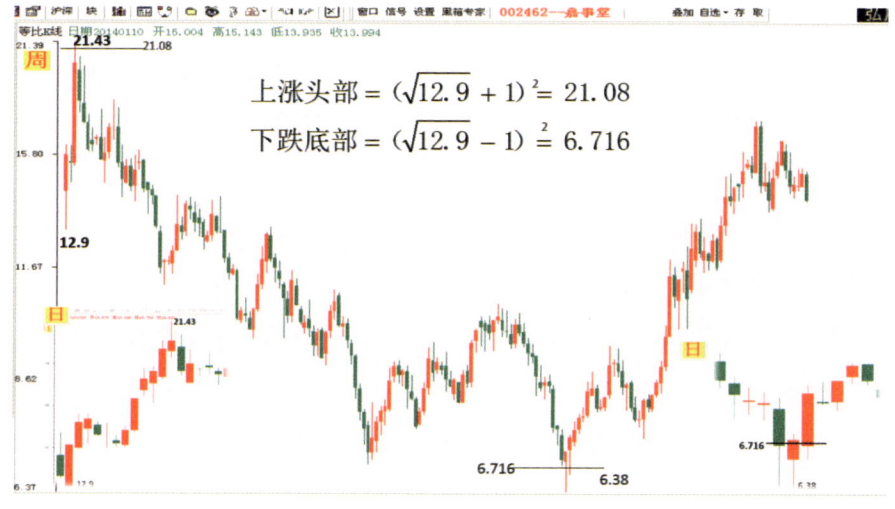

图 2.2.B 嘉事堂周线走势图

随后股价再次冲高，开始回落，调整四日后见底再次上攻。那么股价会涨到什么位置呢？由于是新股，可参考的数据又很少，因此大顶大底预测法就成了我们的首选。此时我们先计算出低点的平方根，即 12.9 开根号，四舍五入得 3.59，那么股价上涨的高度就是（3.59＋1）的平方，即 21.08 元。实际上股价在 2010 年 9 月 3 日出现高点，最高价是 21.43 元，收盘价是 20.23 元，十分接近预测结果（图中左下角和右下角分别为上涨顶部和下跌底部的日 K 线走势图）。

经过震荡之后该股形成了长期头部，开始进入下降趋势，股价从 21.43 元一路跌破 12.9 元创出新低。股价会跌到什么地方呢？我们仍然以前期的低点 12.9 元为基准，它的平方根为 3.59，下跌就要减 1，也就是 2.59，所以下跌底部就是 2.59 的平方，即 6.716。实际上股价在 2012 年 12 月 4 日出现的最低价是 6.366 元，收盘价是 6.699 元，与预测结果相差无几，此后股价出现长期底部。

具体计算公式如下：

已知：$S = 12.9$

求：上涨头部和下跌底部

解：代入公式，上涨头部 = $(\sqrt{S} + 1)^2 = (\sqrt{12.9} + 1)^2 = 21.08$

下跌底部 = $(\sqrt{S} - 1)^2 = (\sqrt{12.9} - 1)^2 = 9.19$

以上的两个案例，都是讲新股上市后价格快速上涨或下跌的波动规律，这种方法弥补了技术分析在新股预测上的不足。因为刚上市的新股，其他的指标还没有显示出来，此时用指标做决策几乎不可能，且新股受市场变化的因素小，几乎是纯粹价格自由波动，所以根号判顶底的方法（即大顶大底预测法），可以给我们一个市场预期，从而使我们更加准确的把握市场，成为在股市中真正获利的少数人。

笔者在北京大学讲到这种方法的时候，学员们先是一惊，因为他们从来不做新股，尤其不做刚刚上市的股票，就算是申购中签了，一旦上市也会马上卖掉，原因就是不知道用什么方法来分析，只好放弃。惊之后便是喜，因为有了这个方法他们就可以开始尝试新股了。前文提过，在股市中，大多数投资者是不会买新股的，而要想在股市中成功，就必须要成为少数，真理总是很简单的，但学员们从没想过用这么简单的方法就可以把握住新股股价运行的脉络。但是沉思之后他们就会想，真的会这么简单吗？

讲到这里，一个胖胖的学员开始就大顶大底预测法在实际应用时需要注意的要点，向笔者提出了一系列的问题。

下面就以笔者和这位学员的对话来向大家一一阐述这些要点。

学员：这个方法只适合新股吗？

笔者：不一定，但是新股最明显，因为新股是受市场其他因素影响最小的，几乎接近价格自由波动。根号判顶底这个方法（大顶大底预测法）用在上市时间较久的股票上，判断下跌比判断上涨要准确得多，因为任何股票的上涨都是资金推动的结果，而股票的下跌则不需要资金推动，所以多数下跌都属于自由波动。但是我们仍不能忽略一个问题，就是一个股票历史上的高点或低点都会形成对后市股价的支撑或压力，因此老股更适合开根号后增量相同的方法。

学员：所有的新股都可以用这个方法吗？

笔者：这种方法对新股上市后的急涨急跌判断更为明显，说明该股交易活跃，市场趋同于一种认识。如果是上涨的股票，我建议参与那些上市后两至三日内出现涨停的个股，如果涨停当日换手率在50%以上那就更好了，这样即使是以涨停的价格追进的，也会有丰厚的利润。对于成交不活跃的，用相同增量会更准确。

学员：如果股价突破或者跌破我们的预测价格，应该怎么办？

笔者：那就用选取的基准点在根号后再加一次1或减一次1。

学员：我明白了，只要不间断的加1、减1就行了。

笔者：也不是，最多就只能再加一次1或减一次1，也就是最多只能在选取的基准点开根号后加2或减2。

学员：为什么是这样的？这是必须要遵守的吗？

笔者：因为选取的基准点根号后加2或者减2再平方后，股价的涨幅或是跌幅就达到100%以上，而此时基准点对它的影响力就有限了，就和超出了磁场或大气层的影响范围是一样的道理。在实际的计算中，必须要遵守这条规则，如果股价在选取的基准点根号后加2或减2后继续上涨或者下跌，就应该重新选择一个新的基准点，或者是用其他方法判断。

学员：按照这个方法两只股价相同的股票波动都是一样的了？

笔者：是的，这个方法忽略了其他因素对股价的影响，单纯的研究价格本身的波动，就这点来说是有一些片面的，但是你们也要记住，相同股价的波动范围是一样的，不代表方向是一样的，也不代表会有一模一样的走势，可能是一只股票上涨，一只股票下跌；就算是相同的方向也会是有的股票根号后加1或减1，有的根号后加2或减2，所以总会有不同的走势。

学员：既然只是针对价格，那么是不是有价格适用范围呢？

笔者：是的，理论上的原则是"五根六方"，五根就是5的平方根，

模型理论 2

时空对数法则

也就是 2.236，六方就是 6 的平方 36。为什么会是这两个呢？因为最小翻倍，最大三回，什么意思呢？——代入公式你就可以知道结果了。

上涨幅度公式：$(\sqrt{S}+1)^2 \div S$

S = 4　　$(\sqrt{4}+1)^2 \div 4 = 2.25$

S = 5　　$(\sqrt{5}+1)^2 \div 5 = 2.09$

S = 6　　$(\sqrt{6}+1)^2 \div 6 = 1.98$

S = 7　　$(\sqrt{7}+1)^2 \div 7 = 1.90$

通过以上计算可以得出，只有当 S=5 的时候，股价才是最接近翻倍的，也就是说股价是 5 元，开根号后加 1 再平方是 10.47 元，这样正好是翻了一倍，而大顶大底预测这种方法在股价涨幅达到 100% 时最为有效，所以上涨的股票低点不能小于 5 元。

下跌幅度公式：$[S^2-(S-1)^2] \div S^2 \times 100\%$

S = 4　$[4^2-(4-1)^2] \div 4^2 \times 100\% = 43.75\%$

S = 5　$[5^2-(5-1)^2] \div 5^2 \times 100\% = 36\%$

S = 6　$[6^2-(6-1)^2] \div 6^2 \times 100\% = 30.55\%$

S = 7　$[7^2-(7-1)^2] \div 7^2 \times 100\% = 26.53\%$

通过以上的计算可以得出，只有当 S = 6 的时候跌幅才最接近 30%，为什么非要是下跌幅度接近 30% 呢？根号判顶底的方法属于轮廓式的预测，只针对大级别的回调，而中期趋势的回调幅度往往在 30% 附近。所以在实际应用的过程中，下跌的股票高点不能大于 6^2，即 36 元。

总而言之，根号判顶底最佳运用价格范围是处在 5 元至 36 元之间的股票，在这个股价范围内，可以根据实际走势，变换基准点（起点），所有的应用法则都可以在此范围内使用。

学员：也就是说，这个方法只能预测 5 元以上和 36 元以下的股票吗？

笔者：不是，只是说在这个区间内比较好。比如对一只股票选取的基准点是 36 元，之后股价开始上涨，你想知道股价会涨到哪里，用根号判顶底的方法最多可以根号后加 2，即 $(\sqrt{36}+2)^2 = 64$，这样你的最高预测范围就变成了 64 元。我讲到的"五根六方"是针对基准点而言的。

学员：怎么确定基准点？

笔者：基准点的选取一般都是选择重要头部的最高价或底部的最低价，新股的判断需要根据它的市场表现来确定。比如说，新股上市之后快速上涨，那么就选取上市后股价波动的最低价作为基准点来测算股价上升的头部压力位；反之如果是快速下跌，那就选取上市后股价波动的最高价作为基准点来测算股价下跌的底部支撑位。而对于上市时间比较长的股票，就选取历史上的最高点或最低点作为基准点；如果最高点或最低点与现在距离较远，并超出根号后加 2 或减 2 的范围，则就近找到中长期趋势的转折点作为基准点，每一个头部或底部不会轻易的形成，而每形成一个头部或底部都会影响未来股价的波动。中长期趋势的转折点则更加重要。

学员：这种开根号的方法有一个弊端，小于 1 的数，开根号就会变大，平方以后就会变小，这种时候怎么办？

笔者：没错，当股价小于 1 的时候，计算的方式就要发生改变了，这时候的计算将更加简单。比如说股价的基准点是 0.5 元，上涨头部的压力位就是根号下的 0.5，即 $\sqrt{0.5} = 0.707$，这是第一个头部的压力位，如果股价有效突破头部压力位继续上涨，那就再开一次根号，即 $\sqrt{\sqrt{0.5}} = 0.841$；同样的道理，下跌底部的支撑位则是基准点 0.5 的平方，即 $0.5^2 = 0.25$，这是股价下跌的第一个底部，如果股价有效跌穿第一支撑位继续下跌，那就再求 0.25 的平方，即 $0.25^2 = 0.0625$。

当我逐一的回答了他的问题以后，学员们才知道这种根号判顶底的方法，并不像自己想象的那么简单，在实际运用过程中，还需要根据不同的股价、选取不同的基准点去计算支撑位或压力位。看过根号后加 1 或减 1 的案例，下图也是一个上涨强势的案例，如图所示：

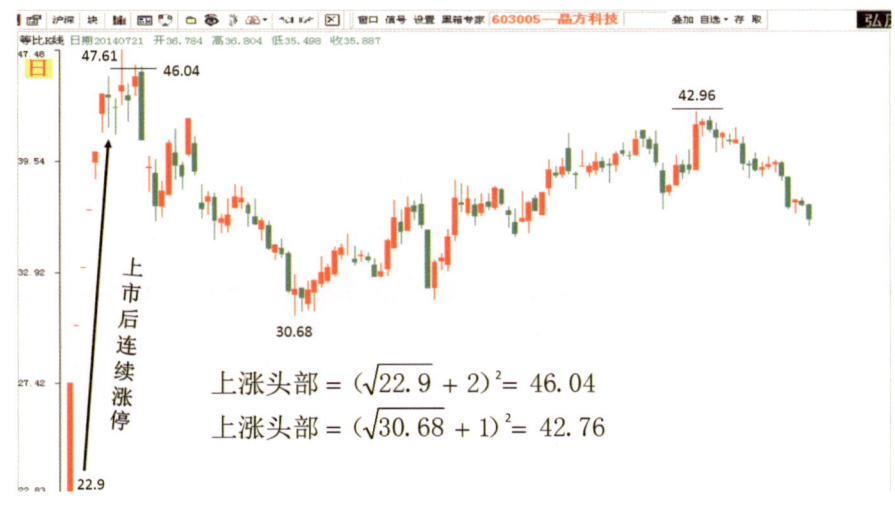

图 2.2.C 晶方科技日线图

图 2.2.C 是 603005—晶方科技的日线图，该股从上市后开始急速上涨，自第二天起继续走出五个涨停板，直到在 2 月 20 日以 47.61 元的价格出现头部开始调整。这么强劲的新股应该如何计算支撑和压力位呢？首先要找到基准点，股价上市后就开始向上拉升，那么，选取的基准点就是第一天上市的最低价 22.9 元，由此我们先计算出第一个头部压力位是 $(\sqrt{22.9}+1)^2 = 33.46$，但是此后连续三个涨停板，33.46 元的价格被第三个涨停板轻松突破，当日一字板的收盘价是 36.59 元，属于有效突破，这就意味着股价还会继续上涨，此时就需要在基准点根号后加 2，即 $(\sqrt{22.9}+2)^2 = 46.04$，也就是说股价在 36.59 元涨停的位置，距离下一个头部压力位还会有 10 元左右的利润空间，那么，此时我们不但不会害怕，还会追加买入。但是等到 2 月 20 日这天，股价最高涨到 47.61 元，盘中涨到了我们预测出来的头部压力位 46.04 元，而后盘中回落跌破 46.04 元，此时果断卖出，不用迟疑。前文中笔者讲到根号后最多加 2，头部的压力位又在当日上影线的位置出现，所以必须卖出，果断止损。

随后的几天股价开始调整，其中在 2 月 24 日、25 日连续出现两天的上影线都打到过这个价格并出现回落，由此可见 46.04 元这个位置的压力是非常大的。股价出现头部后进行了持续一个多月的回调，最低跌至30.68元。而后股价见底开始回升，再次出现上涨，这时就可以选取30.68元作为基准点预测上涨的头部，也就是$(\sqrt{30.68}+1)^2=42.76$，此后股价在6月26日这一天最高涨到42.96元，打到预测头部压力位的价格42.76元后开始快速下跌，由于压力位42.76元出现在上影线上，之后股价开始回落，同前面一样，此时应果断卖出。随后股价出现调整，我们又逃过了一次下跌。在此情况下，若后期股价有效突破42.76元继续上涨，下一个头部压力位就是30.68开根号后加2了，即$(\sqrt{30.68}+2)^2=56.84$，如果是这样，就算我们在43元附近买进，还可以有13元的利润空间。

具体计算公式如下：

已知：S = 22.9

求：上涨头部

解：代入公式，上涨头部 = $(\sqrt{S}+1)^2=(\sqrt{22.9}+1)^2=33.46$（已突破）

上涨最终头部 = $(\sqrt{S}+2)^2=(\sqrt{22.9}+2)^2=46.04$

已知：S = 30.68

求：上涨头部

解：代入公式，上涨头部 = $(\sqrt{S}+1)^2=(\sqrt{30.68}+1)^2=33.46$

在这个新股例子中，当市场集体炒新的情况下，该股顺势上涨，我们知道这样的上涨完全是资金推动的结果，但是它仍然逃不开根号判顶底的方法。当然，规律的存在必有其道理和逻辑，也必有其错误和盲区，任何一种预测的方法，都不是万能的，随着市场新股发行制度的改革，市场的供需关系会发生改变，导致股价上市后连续涨停，在这种极端走势里，这种方法就显得有些"水土不服"。这种大顶大底的方法应用于新股最容易判断，并且最容易确定基准点。

其实之所以选择新股，是因为股票刚上市，受外在的影响较小，受数字约束的规律性更强，也更能体现数字本身隐藏的节奏。也不得不承认，很多时候会出现预测的涨幅或跌幅没达到或超越的现象，对于没有达到预期的，可用一个单位的50%为标准，也就是说，正常的是根号后加1，你可以先加0.5。股价超越预测的位置后再次收盘跌穿就要及时的离场，这样就不会造成一错再错；对于超过预测空间且又没出现一定幅度调整的，我只能用投资大师伯纳德·巴鲁克的名言来解释"我能够躲过灾难，是因为我每次都抛得过早。当人们都为股市欢呼时，你就得果断卖出，别管它还会不会继续涨"。股市中有的是机会，不要担心找不到合适的投资机会。

小　结

　　本节重点讲的是数中有数，要想理解本章中所讲的内容，就必须要对"数"有清晰的认识。人类的进化，从猿到人，有生产活动，有所分工，有所分配，进而有计数，有计数工具，有记数符号。人类祖先开始记录山、河、鹿、鱼、人、日、月，抽掉它们的外部性质（高、矮、大、小、白、黑、活、死、男、女、出、落、圆、缺），独立地来走近数的世界。在古代，数除了用于记录物质表象外，一直都是高层权贵的游戏，从毕达哥拉斯的"数是万物的本质"，到爱因斯坦的"一切物理事件归结为四维几何空间的结构特性"，都可以看到数的重要性。数最难以理解的地方就在于它的抽象性，这些抽象不是简单的运算、测量和分组，而是需要透过表面看到本质的规律，就像本章里面讲到的，在实际股价背后的数字才是我们要研究的对象，只要找到了这种脉络，市场就显得清晰多了，就像全息图用肉眼去看杂乱无章，而通过激光透射来看则会条理清楚一样。当然这里所介绍的只是平方根后的进制，而它的运算才是学习的核心，所以还需要大家如琢如磨地去学习藏在数字背后的数字。

第三节 形中有形——形态间的波动规律

股市是由涨跌组成的混沌图谱，有时像蜿蜒婀娜的河流，方向是明确的，但中间会经历起伏；有时像绵亘曲折的海岸线，笔直与弯曲交织，但水下的大陆架却清晰可见；有时像袅袅升起的炊烟，表面无规则的扩散，而内里却是高低浓度区的转移；有时像风云变幻的天气，阴晴莫测的背后，却早就注定了云消雨霁。你或许说人工开凿会改变河流的方向，地壳运动会收缩海岸线的纵深，一缕清风会吹散炊烟的均匀，甚至就连蝴蝶的翅膀也可能会左右天气变化……

但是，我要告诉你的是，存在就会有规律，有规律就会有无序，而规律是大的，无序是小的，规律是长的，无序是短的。你看到的无序往往是因为你还没有发现规律。在股市中，不要因噎废食，削趾适屦，要学会从大处着眼，从长处思考，才能从混沌中分辨出规律，从无序中发掘出秩序，并且能够灵活地运用这些规律或者秩序循序渐进，从而在股市中获得投资收益。

本节重点讲到的是模型理论中的形中有形，也就是各种形态之间的规律。对于股市中形态的研究已经由来已久，从普通的散户投资者到身价数亿的股票投资大师，无论掌握多少专业知识，无论拥有多少操作经验，无论拥有多少股市资本，都不会舍弃对价格形态的研究。头肩底、双底、楔形、旗形等比较经典的形态几乎每个股民都知道，在对实际走势的判断和把握中，这些形态也起到了决定性的作用。其实每一种形态都是市场博弈心理在股市中的体现，本质上与相面算命没什么区别，遵循着相由心生的真理，通过对表象的分析来判断事物内部的规则和本质，进而预测其未来的行为。美中不足的是，这类方法在应用中经常会遇到真假难辨，且不能量化的问题，这往往是投资者们在进行形态分析时最大的苦恼，究其原因，还是由于使用者不明白形态之间的基本波动规律。现在就让我们试着揭开形态运行的秘密。

前文中提到，投资者们在进行形态分析时遇到困难，多是由于不明白形态之间的基本波动规律，那么如何才能了解和掌握形态之间的基本波动规律？

在模型理论中有四种最基础的模型形态，它们构成了股市中所有的变化，我们只要研究这四种基础模型之间的关系，就可以洞悉整个股票市场的变化，如图 2.3.A 所示：

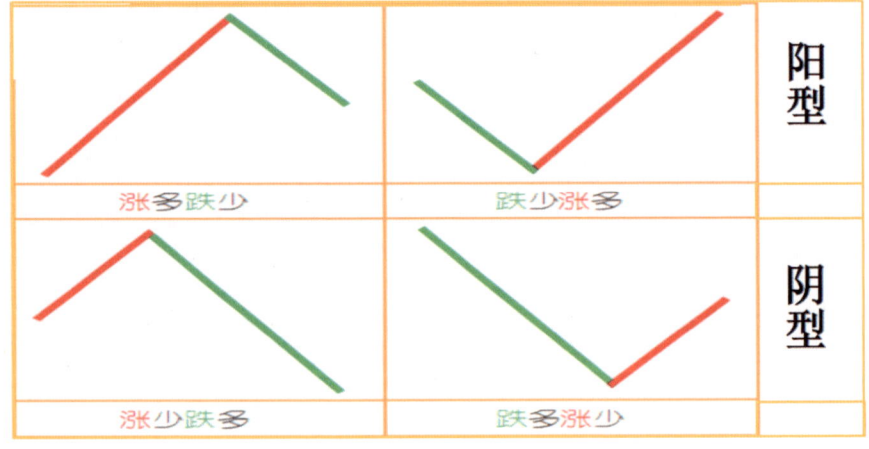

图 2.3.A　四种基础模型

通过图 2.3.A 的四个图形可以看到，有两个看多的模型——涨多跌少和跌少涨多模型，看多的模型我们称之为阳型；而两个看空的模型分别是涨少跌多和跌多涨少模型，我们称之为阴型。阳型的模型组成了上涨，阴型的模型组成了下跌，而它们各自又有自己的构成。上升趋势就是由涨多跌少模型组成的，一旦市场不再是涨多跌少的模型，则意味着上升趋势有可能要转折；同理，下降趋势其实就是由跌多涨少模型组成的，而另外两种涨少跌多和跌少涨多，就是趋势转折的模型。市场一直按照这种规律和节奏在前行。那为什么市场中价格的形态又如此让人难以捉摸？原因是这四种基本的模型在实际的走势中自由地组合，就出现了各种各样的形态。虽然模型的组合看似完全随机，价格的形态看似杂乱无章，但总体来说有两大规律：

第一大规律：人们所熟知的八浪循环。仔细观察你就会发现，如果我们将上面的四种基本形态互相拼接，就形成了我们熟悉的八浪循环浪型图。这是波浪理论的基础，也是波浪理论的浪型为八浪而不是九浪或十浪的原因。四种基本模型加起来总共有四条上涨的线段和四条下跌的线段，这也从另一个方面证明了八浪的对称性，如图2.3.B所示：

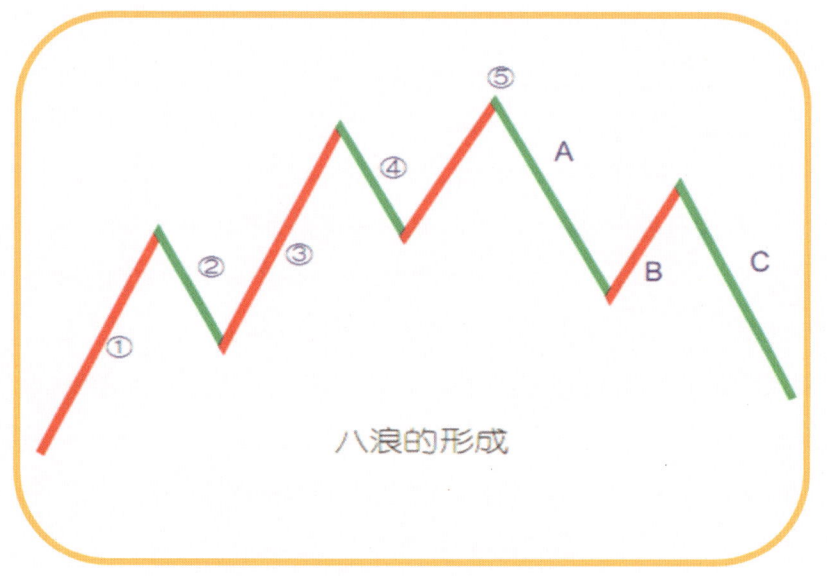

图 2.3.B 八浪形成示意图

图 2.3.B 是由跌多涨少，涨少跌多，涨多跌少，跌少涨多四个基本模型组合形成的八浪浪型图。具体组合方式如图 2.3.C：

时空对数法则

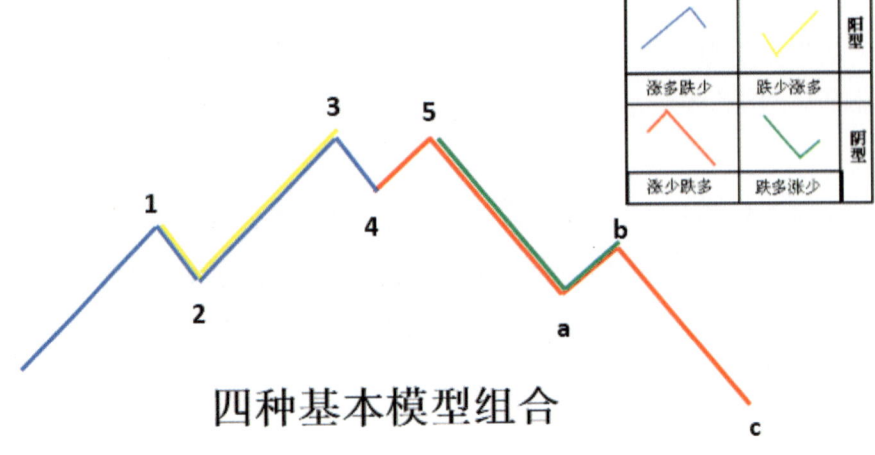

图 2.3.C 四种基本模型的组合

　　为了便于理解，在图 2.3.C 中我们分别用蓝、黄、红、绿四种颜色来分别标注涨多跌少、跌少涨多、涨少跌多、跌多涨少四种基本模型，在图 2.3.C 中我们可以看到每一个基础模型都是由一波上升浪和一波下跌浪共同组成的。上升浪 1 浪和下跌浪 2 浪共同组成了涨多跌少模型（图中蓝色模型），而下跌浪 2 浪和上升浪 3 浪共同组成了跌少涨多模型（图中黄色模型），即这两个模型共同组成了图形中的 1、2、3 浪的部分，而在组合的过程中，两个模型之间也存在着一些重叠的地方，即 2 浪。这种组合形式我们称之为覆盖式。而由 3、4 浪共同组成的涨多跌少模型（图中蓝色模型）和由 5、a 浪共同组成的涨少跌多模型（图中红色模型）相接，共同组成了图中的 3、4、5、a 浪的部分，在组合的过程中，和上面的组合方式不同的是，两个模型之间不存在重叠的地方，这种组合形式我们称之为相接式。我们看到，四种基本模型由覆盖式和相接式两种组合形式互相组合，最终形成了八浪循环浪型图。

　　读到此处，也许你会恍然大悟，原来波浪理论中的浪型图由此而来。但仔细观察你会发现，这种由基本模型组合形成的浪型图与波浪理论中标准的浪型图之间还是存在着一些差别的，如图 2.3.D 所示；

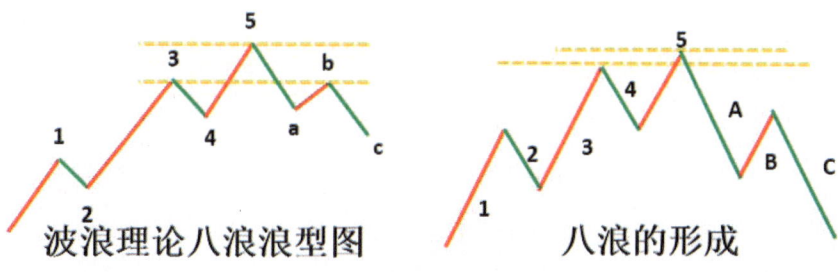

图 2.3.D 两种浪型图的对比

通过图 2.3.D 可以看到，由四个基本模型组成的八浪图与波浪理论八浪图相比，最大的不同在于五浪，由四种模型组合成的八浪图中，五浪几乎和三浪的高点相同（图中右侧虚线标注部分），而在模型理论八浪浪型图中，五浪与三浪的高点之间却存在着一段明显的距离（图中左侧虚线标注部分）。这是因为到了五浪，市场已经开始形成涨少跌多的模型了，这也是为什么波浪理论告诉我们会有失败的五浪。然而，不管形成的五浪是成功还是失败，都会有两个特点：

（1）在浪型图中，五浪和 A 浪共同形成了涨少跌多的模型，也就是说如果五浪上涨的幅度大，那么 A 浪下跌的幅度会更大；如果五浪上涨的速度快，那么 A 浪下降的速度就会更快；

（2）五浪和 B 浪是对称的，它们的涨幅和形成所需的时间几乎相等，也就是说，在浪型图中，五浪的大小决定了 B 浪的大小。而在实际操作中，我们完全可以依靠五浪和 B 浪对称的性质来对股价后市的走势做出预测，只要知道了五浪的上涨幅度和运行时间就可以计算出 B 浪的上涨幅度和运行时间，从而把握股价未来的走势，做出正确的操作，以获取利润或者规避风险。

第二大规律：形成的图形会具有对称性。 无论模型如何组合，价格形态如何变幻，其构成的图形中必然会存在着一定的对称性，或为上下对称，或为左右对称，乃至于中心对称等等。

前文中提到的波浪理论基本图形的对称，只是图形对称在市场中通常的表现形式，真正由四种基本模型所构成的图形，要比波浪理论中图形之间的对称关系和比率关系明显得多，同时在股价的实际运行中，四种基本模型也会构成蝴蝶对称、三V对称、平行对称等多种对称方式，如图 2.3.E 所示：

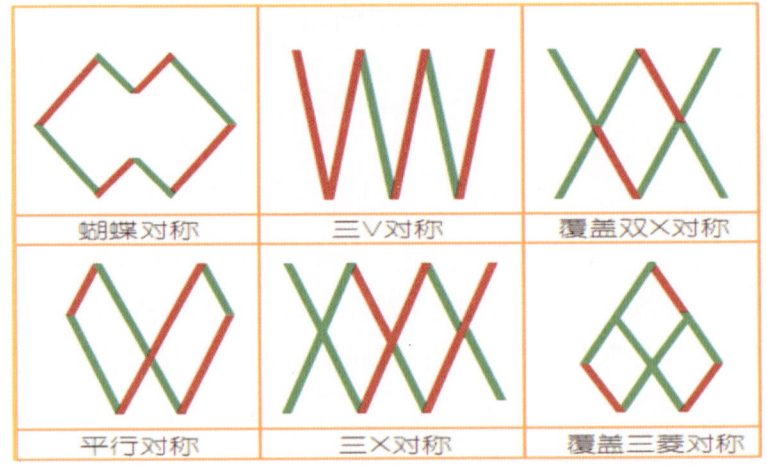

六种对称关系

图 2.3.E 六种对称关系

图 2.3.E 为我们列举了在股市中较为常见的六种对称关系：蝴蝶对称、三V对称、平行对称、覆盖三菱对称、三X对称、覆盖双X对称，在上面列出的六种对称关系中，虽然以上各种图形都是对称的，它们之间的对称关系却各不相同。图形形态千姿百态，构成图形的几种基本模型的组合方式也不一致，但是这些对称关系之间存在着很多的共性。

总结起来，它们主要有以下三个共同特点：

（1）每一种对称图形都是由涨少跌多、跌多涨少两种属于阴型的模型和涨多跌少、跌少涨多两种属于阳型的模型搭配组合形成的，也就是说股市的基本节奏是一阴一阳，这也是为什么股价走势图会形成对称的重要依据之一；

（2）这六种对称关系在组合形式上要么是相接式，要么是覆盖式，若呈现相接式，则时空之间没有重复，更多是单独存在的；若是呈现覆盖式，则会出现时空互换的现象，重合的地方就是时空互换区；

（3）在图 2.3.C 所列举的每一个对称图形中，都会有多个重新组合的基本模型，并且将原来的四种基本模型放大，这是形中有形的根本。刚才我们讲到的四种基本模型组成了八浪循环，实际上五浪是不确定的，我们能确定的比率关系就是一浪至四浪，这样就构成了一个四段五点图形，如图 2.3.F 所示：

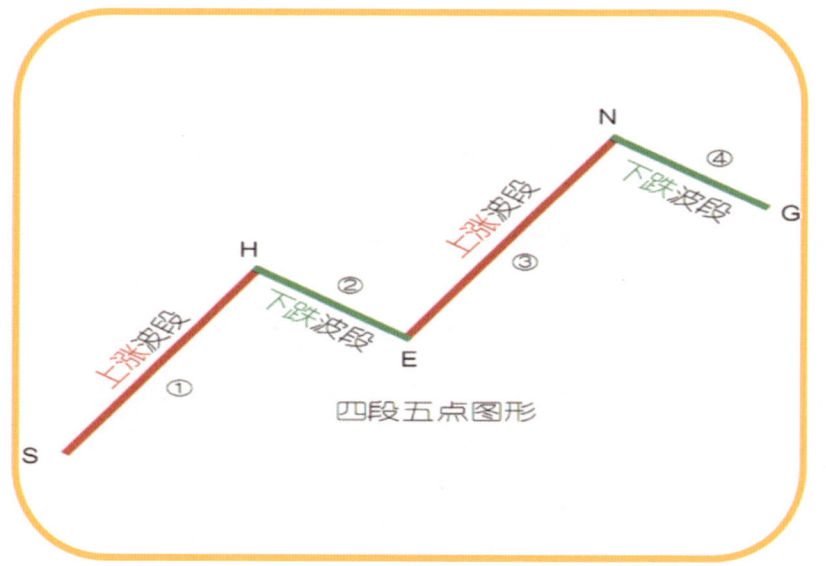

图 2.3.F 上升四段五点模型示意图

在这个上升的四段五点的图形中可以看到这样几个规律：

（1）首先，我们可以看到，两段上涨和两段下跌之间是标准的对称关系，也就是SH与EN对称，HE与NG对称，它们之间的运行时间和上涨空间会表现出明显的对称性并且相互影响；

（2）其次，图2.3.F的整个图形是由两个涨多跌少的基本模型构成的，并且包含了HEN这个跌少涨多的模型，这样E点就成了模型SHE和模型ENG之间对称的轴心，也就是说，只要E点确定了，四段五点模型中其他的几个点都相互对称；在实战操作中，我们可以应用四段五点模型的这个性质用已知求未知，用股价已经形成的走势和点位来计算股价未来的走势和点位；

（3）最后，笔者发现，在四段五点模型中，如果线段③是线段①的对称线，那么涨多跌少模型ENG和涨多跌少模型SHE之间往往存在比率相等的关系，即SH=EN或者HE=NG。而如果线段③是SHE图形的斜边或是对角线（参考本书第一章第一节中的图1.1.J），那么模型SHE和模型ENG之间往往存在着SH=HN，NG=SE或者是SH:HE=SN:NG的关系，即形中有形。

形中有形包括以下几种方式：

（1）以小见小，按照前文中讲到的四段五点的关系，利用两个涨多跌少基础模型之间的对称性，只要知道SHE的涨多跌少模型，就可以求出ENG的涨多跌少模型，它们是相等的；

（2）以小见大，就是知道SHE模型中涨跌波段之间的比率，就能求出SNG这个大的涨多跌少的模型；

（3）以形比形，在股市中，历史总会不断重演，过去出现过的图形未来极有可能会再出现，当这种图形再次出现的时候，我们就可以根据历史中这种图形的性质判断再次出现的图形的性质。简单来说，就是通过历史图形的比较来判断股价的走势。要想知道它们之间具体的关系，需要参照第一部《模型理论》中的四段五点关系来衡量，在此就直接讲解计算方法，如图2.3.G所示：

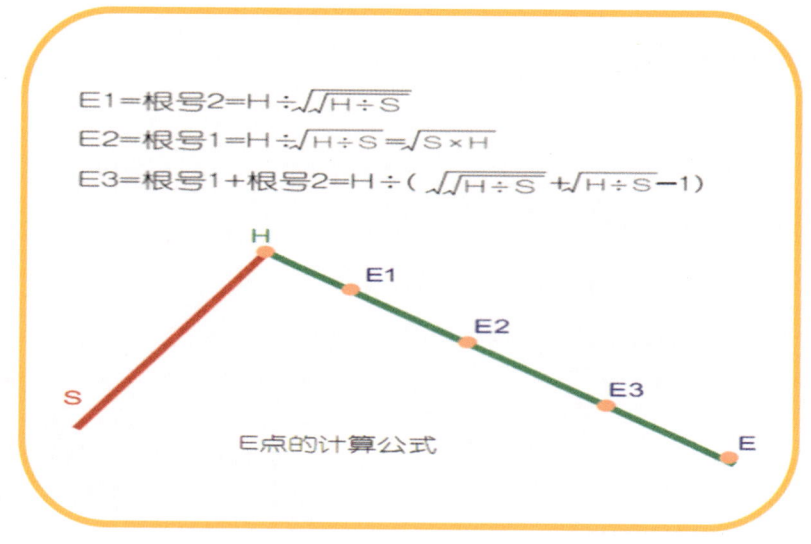

图 2.3.G 点的三种计算方法

通过图 2.3.G，我们可以得出 E 点的三种计算方法（图中 E1、E2、E3 点的计算公式），而这三种计算方法的由来，其实是股价在实际走势过程中可能会出现的三种见底形式，E1 点是股价的强势回调点，此时股价回调的幅度小，是因为上涨的力度大，需要注意的一点就是在这种情况下 SH 的涨幅越小，后期股价下一波上涨的涨幅就会越大；而 E2 点是股价的正常回调点，若股价在 E2 点开始调整，则下一波上涨往往会出现等同于前波上涨（即 SH）的幅度；E3 点则是股价的弱势回调点，也叫做极限回调点，此种情况下，股价走出 N 字形走势，代表此时上涨幅度较弱，这种情况往往出现在上升趋势顶部的转折期，上升趋势中如遇股价 N 字形走势，则需留意风险来临。知道了这些公式我们再看形中有形的几种具体表现方式。

形中有形之以小见小

所谓以小见小，多数情况下会出现在上涨过程中的小波段，或出现在上升过程中的四段五点图形中，这些都是主力高度控盘的迹象，因为只有主力高度控盘才能使股价走出如此完美的形态。

下面，我们来看一个案例，如图2.3.H：

图 2.3.H 雅本化学日线走势图

如图 2.3.H 所示，我们看到 300261—雅本化学在大盘走势持续走低的大趋势下，一直逆势上涨的走势图，在图中我们可以看到，此股在 2012 年 3 月 29 日最低下跌至 9.69 元，其后开始出现上涨，最高涨到 12.22 元，这样就形成了 S 点和 H 点。

下面，我们试着根据已知的 S 点和 H 点去计算出未来的 E 点、N 点和 G 点。首先，我们来计算 E 点，前文中我们提到，E 点的计算方法有三种，而在正常的情况下股价会回调到 E2 点。要想知道股价到底会回调到哪个位置，从而确定我们该用哪种方法计算，此时可以有两种操作方法：

第一种方法是用三种计算方法把 E1、E2、E3 三个点位都计算出来，看股价在哪个价位止跌。如上图中的案例，我们可以分别算出 E1、E2、E3 点的位置，如下：

$$E1 = H \div \sqrt{\sqrt{H \div S}} = 12.22 \div \sqrt{\sqrt{12.22 \div 9.69}} = 11.52$$

$$E2 = H \div \sqrt{H \div S} = 12.22 \div \sqrt{12.22 \div 9.69} = 10.88$$

$$E3 = H \div \left(\sqrt{\sqrt{H \div S}} + \sqrt{H \div S} - 1\right)$$
$$= 12.22 \div \left(\sqrt{\sqrt{12.22 \div 9.69}} + \sqrt{12.22 \div 9.69} - 1\right) = 10.35$$

最终股价调整到 2012 年 4 月 24 日，在 10.72 元触底反弹，这一波调整跌破了 E1 点，在 E2 点见底，前文中我们说到，E2 点是股价的正常回调点，若股价在 E2 点开始调整，则下一波上涨往往会出现等同于前波上涨的幅度，则 E2 点的确认，可以对我们预测股价下一波上涨 EN 提供重要的参考依据，对 EN 的预测包括对于 N 点的具体计算方法，在本书中会有详细的介绍。

第二种方法是看第一波上涨中股价从 S 点（低点）运行到 H 点（高点）所用的时间，用同样的公式去验证。比如说在图 2.3.H 中此股第一波上涨（SH）的上涨周期是 13 天，开根号得到上涨之后的回调（HE）的时间，就是 3.6 天，首先按照正常的调整情况来计算，也就是说在第三天或第四天股价会到达 E2 的位置（此处考虑的是匀涨匀跌的情况，所以采用的是股价正常回调点即 E2 点时间的计算公式 $HE = \sqrt{SH}$）。这样我们就可以先计算出 E2 的价格，即 E2=10.88，也就是说如果股价在第三天或者是第四天下跌至 10.88 元就会转折。而实际上股价在下跌两天后最低至 10.72 元，10.88 元出现在当日下影线的位置，而后第三天股价最低下跌至 10.89 元，此后股价止跌企稳当日收出了十字星，我们可以看到，在图 2.3.H 中，股价运行的实际走势与计算的 10.88 元只差一角多。这样我们就能确定股价在第三天接近 10.88 元，说明在 E2

的位置启稳，随后再计算 N 点的价格。股价在 E2 的位置企稳说明股价是正常回调，那么 N 点最少和 SH 的比率相等，也就是 H÷S=N÷E，那么 N=H÷S×E=12.22÷9.69×10.88=13.72 元，既然价格的上涨幅度相等，且做底没有逗留（此处需要注意的是，如果价格在底部横盘逗留的话则可能影响 SH 与 EN 之间在时间上的对称性），那么时间也应和 SH 的时间相等或相近，也就是股价应该从 N 点开始运行在 13 天后上涨到 13.72 元。实际上股价在 2012 年 5 月 15 日也就是第 13 天后最高上涨到 13.74 元，与预测的结果 13.72 元只差两分钱，可见模型之神奇，预测之精准。

这里还要注意一点，前文计算公式中我们代入 E2 点时所使用的价格是 10.88 元，而实际上，股价在第一次调整时最低下跌到了 10.72 元，那么在具体的计算时，我们到底应该以哪一个数据为准呢？其实也相差不了多少，比如说在这个例子中的 10.88 元和 10.72 元之间就相差不到 0.2 元。具体在应用过程中，只要我们计算出来的点都能有效确认并且和股价实际价格差距不大，那就应该用我们计算出来的价格，而不用实际价格。所谓的有效确认，就是对低点的预测（即支撑位）需要出现在底部 K 线的下影线位置，反之对高点的预测（即压力位）需要出现在头部上影线的位置，才能称为有效确认。

接下来我们来计算最后一个点——G 点，股价从 E 点运行到 N 点所用的时间是 14 天，开根号后是 3.74 天，即股价从 N 点运行到 G 点所用的时间应该在三天到四天之间，由此我们可以计算出 G 点的价格 G=12.22 元，实际上股价在第四天后正好下跌到 12.22 元见底，时间上和空间上一点都不差。

那么股价在 G 点见底上涨之后，会上涨到什么价格才会开始调整呢？或者说当股价走完了一个四段五点之后，之后的走势我们该怎么计算呢？要回答这个问题还要回到八浪循环上来，如图 2.3.I 所示：

五浪的计算方法：

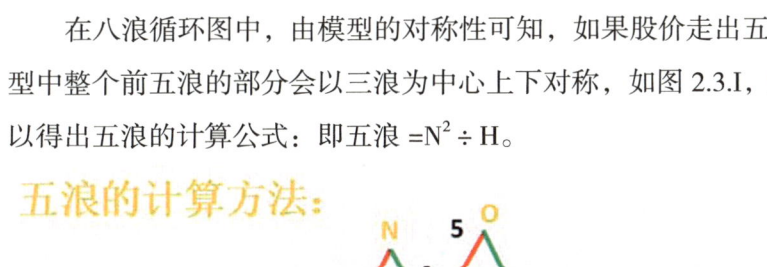

图 2.3.I 五浪计算公式一推导

在八浪循环图中，由模型的对称性可知，如果股价走出五浪，则模型中整个前五浪的部分会以三浪为中心上下对称，如图 2.3.I，则由此可以得出五浪的计算公式：即五浪 $=N^2 \div H$。

五浪的计算方法：

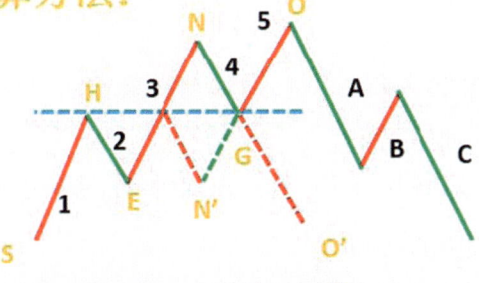

图 2.3.J 五浪计算公式二推导

前文中我们提到，八浪模型中整个前五浪的部分会以三浪为中心上下对称，则我们设 5 浪高点为 O，过 H 点做一条平行线，再以平行线为中线做 3 浪、4 浪、5 浪的对称图形，如图 2.3.J 中虚线部分，由对称关系可知 SH=GO'=GO，则五浪的头部应该是一浪高点的一倍，由此可以得出计算五浪的另一个公式：五浪 $=H^2 \div S$。

将这两个公式代入上面的案例中，即：

公式一：五浪 $=N^2 \div H=13.74^2 \div 12.22=15.45$ 元；

公式二：五浪 $=H^2 \div S=12.22^2 \div 9.69=15.41$ 元。

图 2.3.K 雅本化学日线走势图

实际上股价在 2012 年 6 月 15 日最高涨至 15.47 元，此后股价在该区域内震荡徘徊，如图 2.3.K。

通过以小见小这样的方法就可以根据股价过去的走势计算出股价在未来实际运行过程中的高低点。

形中有形之以小见大

以小见大就是通过一个小的阳型或阴型基础模型之间的关系，推导出大的模型之间的关系，虽然时间和空间放大，但是它们之间的比率关系是一样的。就像混沌理论中提到的，初始分形比等同于最终分形比，重点提到的就是股价上涨或下跌的源头，也就是人们熟知的蝴蝶效应。

以小见大的理论基础是事物发展的结果，对初始条件具有极为敏感的依赖性，初始条件极小的偏差，将会引起结果极大的差异。最为人们所熟知的就是"一只蝴蝶在巴西轻拍翅膀,可以导致一个月后德克萨斯州的一场龙卷风"。其实就是一个结果和原因之间的推导过程,原因上微小的差别在事物的发展中被不断放大,最终对结果造成巨大的影响,就像西方民谣说的那样:

> 丢失一个钉子,坏了一只蹄铁;
> 坏了一只蹄铁,折了一匹战马;
> 折了一匹战马,伤了一位骑士;
> 伤了一位骑士,输了一场战斗;
> 输了一场战斗,亡了一个帝国。

你可能说这个也太耸人听闻了吧,其实也没那么神奇,这是一种模糊分析思路,所以叫做混沌理论。用中国人的话最能诠释以小见大,那就是"见一落叶,而知岁之将暮;睹瓶中之水,而知天下之寒"。(《淮南子》)古人早就理解见微知著的道理了,就像老子说的:合抱之木,生于毫末;九层之台,起于累土;千里之行,始于足下。所有大的变化,都是由细微之处慢慢发展而来,那么我们就可以通过对细微之处的观察,来把握大的变化,这就是预测的诀窍。我们来看一个案例,如图2.3.L:

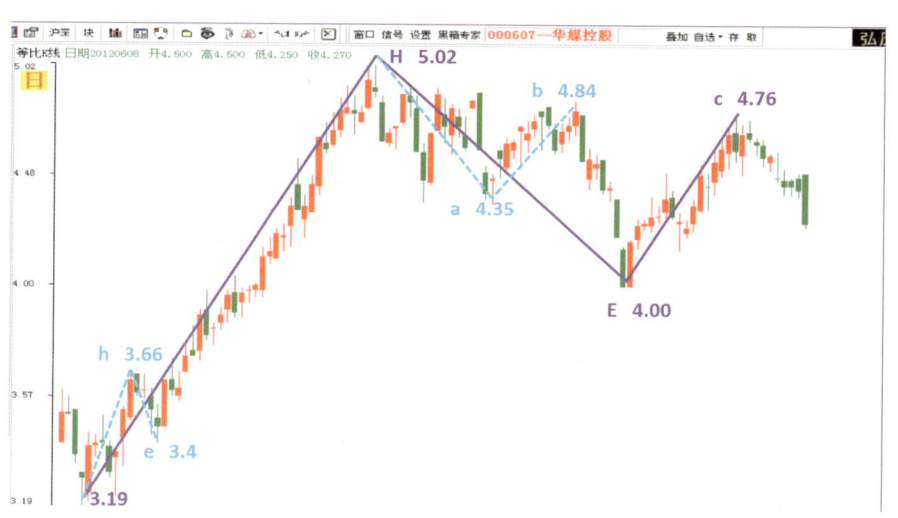

图 2.3.L 华媒控股日线走势图

时空对数法则

从图 2.3.L 中可以看到 000607—华媒控股自 2011 年 12 月 28 日 3.19 元见底,到 2012 年 1 月 10 日的 3.66 元出现短期头部,经过短暂的回调后再次创出新高,几乎没有调整地涨到 2012 年 3 月 6 日的 5.02 元,随后出现了中长期的头部,开始深幅调整,最低跌至 4 元。那么它们之间有什么规律呢?

在图中可以看到,She 是一个涨多跌少的阳型,而 SHE 也是一个涨多跌少的阳型,这两个阳型之间有什么样的规律?通过图中我们可以得知,它们都属于 E2 回调的计算方法,e 点的回调价格只要将 3.19×3.66 开根号就可以了,这样就可以得出 3.417 元。实际上股价最低跌至 3.4 元,与预测结果只差一分钱。再来计算一下 E 点,同样只要代入公式即可,即将 3.19×5.02 开根号后,可得出 4 元,实际上股价在 2012 年 5 月 3 日和 4 日最低均跌至 4 元,并且没有下影线(此处应用的计算公式为 $E2 = H \div \sqrt{H \div S}$,这一公式的变形公式 $E2 = \sqrt{H \times S}$)。

通过这些计算我们知道这样一个道理:股价大的波段调整的比率和小的波段调整的比率是一样的。这样的形中有形的方法就叫做以小见大,也就是说要想知道大波段的调整比率,首先就要计算出小波段的比率,无论是阳型还是阴型都一样。

还是在这个案例中,我们可以发现 Hab 是一个跌多涨少阴型,HEc 也是一个跌多涨少的阴型,它们之间的以小见大又是如何体现的呢?

首先,我们单纯从模型 Hab 和 HEc 的角度来计算 b 点和 c 点。想要计算阴型基础模型,首先需要知道下跌四段五点模型中 E 点的计算公式(详见第一部《模型理论》中四段五点模型的部分,下跌模型中 E 点的公式为 $E = H \times \sqrt{S \div H}$)。在图 2.3.L 中我们可以看到,在模型 Hab 中,股价在 2012 年 3 月 6 日到达高点 H,最高价为 5.02 元,之后进入调整期直到 2015 年 3 月 30 日到达低点 a,最低价为 4.35 元;再来计算一下 c 点,同样代入公式 $b = a \times \sqrt{H \div a}$,我们可以计算出,$b = 4.35 \times \sqrt{5.02 \div 4.35} = 4.67$ 元,而股价的实际走势自 3 月 30 日触底开始反弹,13 天后出现高点 b,最高价为 4.84 元,与计算的结果相差不到 0.2

元，而在模型 HEc 中，股价从 H 点开始下跌，在 2012 年 5 月 3 日跌至最低价 4 元，则 c 点的计算公式是 c=4×$\sqrt{5.02 \div 4}$=4.48，而股价的实际走势从 E 点反弹之后最终到达高点 c，为 4.76 元，与预测结果相差 0.28 元。

  上面的计算中，我们单纯从模型的角度出发，计算时使用的也是 E2 点的公式，将股价走势默认为是正常走势。但是通过观察我们可以发现，b 点是股价在高点 H 下跌之后出现的另外一个次高点，股价有可能会在这里形成头部，而我们可以通过计算来对其进行预测，可以知道股价是否会在这里形成头部，从而做出正确的操作，或获取利润，或规避风险。想要预测 b 点会不会形成头部，则要用到 E3 点的求解公式。

  在前文讲解 E 点回调时，曾经讲到过 E3 点是代表弱势回调或弱势反弹的点，主要用于预测股价做底或做头的转折区域。E3 是确定股价做头最简单的方法，想确定股价是否在这里做头，那就只要证明 b 点是否反弹到 E3 的位置就可以了。求解 E3 需要用到 E1 和 E2 的密码的和，就是股价比率一次根号和两次根号之和，需要注意的是，这里说的和是指小数点后面的和，不包括前面的 1，因为在这里，1 被视为股价本身，就好比一日均线是当日收盘价一样，而小数点之后的数字被称之为密码。

  现在开始计算 b 点的价格，首先计算出 Ha 的比率即 H÷a，将其开根号后得到 E2 的比率，再开一次根号得出的就是 E1 的比率，之后将 E1 和 E2 的比率相加，减 1 就可以得出 E3 的比率了。求出 E3 的比率之后，乘以低点 a 就行了，最终算出来的结果是 4.83 元。实际上股价最高涨至 4.84 元，只差一分钱且在上影线的位置，有效确认。接下来用同样的方法计算 c 点的价格，最终计算出来的价格是 4.71 元，实际上股价最高价涨至 4.76 元，但是连续四天的上影线都在 4.71 元，也为有效确认头部。从上面的计算中，我们可以看到，相比于 E2 点，股价的实际走势更接近于 E3 点，则此时我们应该警惕股价从这里做头。

  通过上面两个公式的计算，我们发现了阴型也同样具备以小见大的规律，那么我们也可以用以小见大的规律来确定 B 浪反弹高点的计算。

图 2.3.M 世纪星源日线走势图

  图 2.3.M 是 000005—世纪星源从 1998 年 8 月到 1999 年 1 月的日 K 线走势图，股价经过几个浪型的上涨之后于 1998 年 9 月 15 日到达高点 H，最高价为 3.71 元，之后股价进入下跌三浪的调整，直到 1998 年 9 月 25 日到达次低点 a，最低价为 3.25 元，触底之后股价开始反弹，1998 年 10 月 7 日出现反弹高点 b，之后股价继续调整，到 1998 年 10 月 26 日到达低点 S，最低价 3.12 元，至此股价走完了 A 浪，进入 B 浪反弹，设反弹的高点为 E。

  从图中我们可以看到，A 浪和 B 浪之间存在 Hab 和 HSE 两个跌多涨少阴型模型，现在开始计算 b 点的价格，首先计算出 Ha 的比率即 H÷a=3.71÷3.25=1.14，将其开根号后得到 E2 的比率为 1.068，再开一次根号得出的就是 E1 的比率 1.033，之后将 E1 和 E2 的比率相加，减 1 就可以得出 E3 的比率 1.101。求出 E3 的比率之后，乘以低点 a 就行了，最终算出来的结果是 3.58 元。实际上股价在 b 点最高涨至 3.59 元，与预测点位仅差 0.01 元。接下来用同样的方法计算 E 点的价格，最终计算出来的价格是 3.54 元，实际上股价最高价涨至 3.50 元，并且无上影线，与预测点位仅差 0.04 元。

通过上面的例子，我们知道了如何用以小见大的规律来确定 B 浪反弹高点，要想知道某只个股 B 浪的反弹高点，只要找到 A 浪下跌过程中第一波反弹比率即可，因为它和 B 浪反弹的比率相等或相近。

形中有形之以形比形

所谓的以形比形就是找一个参考标准，有了这个标准将其扩散，就会出现相应的低点或高点，其中也包含了以小见大的形式。但更多的是非线性比率关系，就像如果有人问："两个眼睛的视敏度是一个眼睛的几倍？"我们很容易想到的是两倍，可实际却是 6 ～ 10 倍！股市中的波段也是这种非线性的关系，但即便是非线性关系也要找到源头，有了源头才会有标准。而源头往往隐藏在更细小的地方，甚至是你从来不曾关注的，就像"非典"的源头是果子狸一样，如果是单独猜测，无论如何你是想不到果子狸的。股市中也是这样，你要找的源头，可能就是某处的"蝴蝶"扇动了一下翅膀产生的连锁反应。那么应该如何发现源头呢？我们来看一个案例，如图 2.3.N 所示：

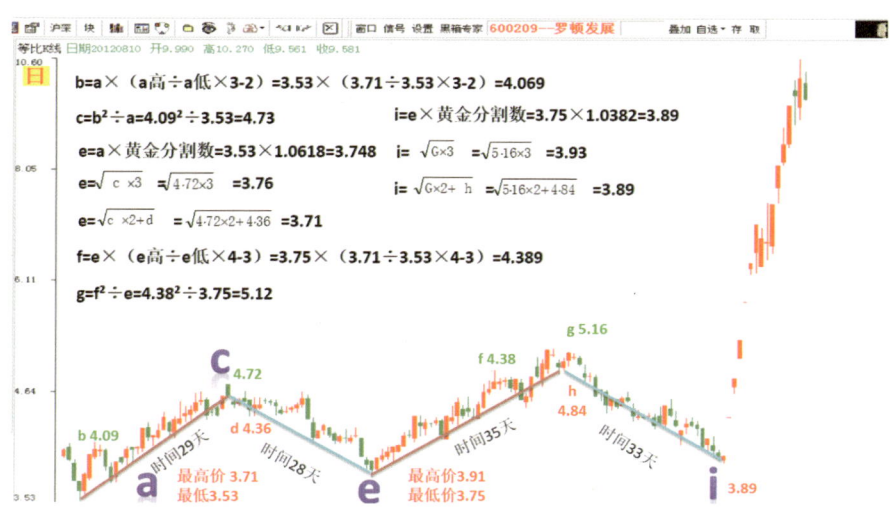

图 2.3.N 罗顿发展日线走势图

通过图 2.3.N 可以看到，从大的波段来看，股价从 a 点见底之后，上涨至 c 点出现中短期头部，而后下跌至 e 点见底，e 点高于 a 点；之后再次上涨至 g 点出现第二个头部，且高于第一个头部；最后再下跌到 i 点出现底部，且高于 e 点。从中可以看到一个蝴蝶对称形态。其实蝴蝶对称形态是一个极其复杂的形态，所以计算方法也是多种多样，但是它的核心还是对称，无论是时间还是空间的。我们来看一下实际计算的方法。

1. 关于 a 点

a 点是行情启动的最低点，也是第一个点，这就注定了它的不寻常，它当天走出的每一个价格都是未来基准点，所以简单地理解就是以第一天的交易区间（也就是最高价和最低价之间）作为计算的标准，它就像一把尺子，用来衡量波段间的规律，就像菲迪皮茨是马拉松比赛的源头一样，第一个就是标准。

2. b 点的计算

b 点是股价上涨第一波的最高点，它决定了其他波段的高度，甚至是最终头部的高度，而它又是从 a 点起来的，必然和 a 点有着密不可分的关系，具体来说就是倍数关系。只要到达相应的倍数高点，确认以后就会出现 b 点。

具体操作如下：先计算出 a 点的比率，即 3.71÷3.53=1.05099，其中 1 是股价本身，将小数点后面的数字乘 3，再加上 1 就得到了三倍 a 点的比率，此时再乘以 a 点，就得到了 b 点的价格。数学公式就是 b=a×（a高÷a低×3-2）=3.53×（3.71÷3.53×3-2）=4.07。实际上股价最高涨至 4.09 元，并在次日最高涨至 4.06 元。

3. c 点的计算

c 点是第一个中短期头部的高点，也是突破 b 点的一波上涨，它的源头就是 b 点，内在的关系也是倍数关系。计算过程：先计算出 b 点和 a 点的区间，而后将小数点后面的数字乘以倍数，数学公式是

$c=b^2 \div a=4.09^2 \div 3.53=4.7388$。实际上股价最高涨至 4.72 元，和计算结果只差一分钱。

4. 关于 d 点

d 点是股价从头部下跌的第一个支撑点，也是第一个小分形，从 c 点到 d 点的区间决定了股价的下跌空间。

5. e 点的计算

e 点是波段回调点，也是下跌的最低点和上涨的启动点，它的关系是多重的，既是 cd 点区间的倍数，也是 c 点平均，更是 a 点的黄金分割数。

具体计算过程如下：先计算两个低点之间的关系，两个低点属于循环周期，它们之间的倍数多数都是黄金分割数。如 e 点就是 a 点和黄金分割数之积，即 $3.53 \times 1.0618=3.75$，和 c 点关系就是单一波段最高点和最低点之间的关系了，一般都是股价匀速下跌且股价不高的情况下，存在的三等根号平均的方法，也就是低点的平方等于高点三倍，即 $e=3.76$。和这种计算方法雷同的就是用 cd 点计算 e 点的方法了，就是用实际股价出现的第一个低点，替代一个 c 点，这样就变成了 c 点的两倍，加上 d 点之和，是 e 点的平方，即 $e=3.71$。

6. 关于其他点

f 点的计算等同于 b 点，g 点等同于 c 点，i 点等同于 e 点，计算方法都是一样，就不再一一阐述了，计算结果在上图中都已标明。

总而言之，形中有形就是找寻图形之间的各种规律，只有明白了这些图形的规律，才能达到"预测点位"的目的。其实数和形的关系，用老子的一句话可以解释："天下万物生于有，有生于无。"放到股市中就是：所有的变化都生于形，而形又生于数，形是看得到的"有"，数是看不到的"无"。

小 结

本节主要讲的是形中有形。形中有形，简单来讲就是形态间的波动规律，应用规律比较简单，但发现规律却比较难，从无序中发现规律，通过对股市中图形之间关系的研究来预测股市。

通过前文的阐述，我们知道，想要更好地进行形态分析，就要知道形态的基本波动规律，就必须要知道基础形态，也就是模型理论里的基础模型，在模型理论中有四种最基础的模型形态，分别是涨多跌少模型、跌少涨多模型、涨少跌多模型和跌多涨少模型，其中两种看多的模型我们称之为阳型；而两个看空的模型我们称之为阴型。

之后我们讲到了基础模型组合的规律，共有两大规律：

第一，由四种基础模型组成的八浪循环图

第二，基础模型形成的图形会具有对称性

在研究对称关系时，我们列举了蝴蝶对称、三V对称、平行对称、覆盖三菱对称、三X对称、覆盖双X对称六种对称关系。

最后我们详细阐述了形中有形包括的三种表现方式：以小见小、以小见大和以形比形。

以小见小用于计算在主力高度控盘下的市场走势，在应用时我们可以使用笔者第一部《模型理论》中的"四段五点模型"部分的知识和计算公式。

以小见大就是通过一个小的阳型或阴型基础模型之间的关系，推导出大的模型之间的关系；大小基础模型之间的比率是相同的，其关系类似于数学上的形似图形。

以形比形就是找一个参考标准,将这个标准扩散,以计算相应的低点或高点。这是形中有形的三种表现方式中最晦涩,也是最复杂的一种,它通过对股价变化的源头的追溯,寻找图形之间的各种规律,以达到预测的目的。

第二卷　揭开时空的神秘面纱

——时间与空间的预算

　　时间和空间是一个抽象的概念，它们无所不在，却又看不见摸不着，单纯的时间或空间研究会相对简单，而时空的组合就要复杂得多。

　　"时间"表达事物的变化过程。"空间"表达事物的变化范围。

> 不要懵懵懂懂的随意买股票，要在投资前扎实的做一些功课，才能成功！
>
> ——威廉·欧奈尔

第三章 股市时空运行轮廓
——时间空间三大要素

时空都是绝对概念，是存在的基本属性。但其测量数值却是相对于参照系而言的。"时间"表达事物的变化过程。代表着无尽并且不可逆，也是一切事件过程长短和发生顺序的度量。"无尽"是指时间没有起始和终结。"空间"表达事物的变化范围，代表着无限大和无处不在，也是一切物件占位大小和相对位置的度量。

股市中的时空又有着自己特有的规律，有时露在表面一眼就能看出，有时却深藏于底，不深挖难见其形。时空是不可分割的整体，所有的物质或非物质都有自己独立的时空，时空就似芸芸众生之相，既独一无二又似曾相识，让我们在本章里剖析股市时空的奥秘。

第一节 股市时空的基础概念

股市中的时空概念一直被视为股市中最神秘、最高深的理论，我们都知道股市中的四要素分别是量、价、时、空，其中量、价因其简单易懂，几乎是每个投资者必学也是必懂的内容，当学习了简单的量、价后，很多投资者都想继续对股市中的时空进行深入学习。而时空的性质晦涩难懂，大多数人都是百转千回穷经皓首后无功而返，郁郁不得志之时，

时空对数法则

就会有病乱投医,有的学江恩、有的学波浪,有的找高手、有的拜大师,更有甚者学习周易,开始变成算命大仙了。

首先我们要知道,万事万物的存在必有其规律,任何理论的存在必有其道理,不管是国外还是国内学者对股市的预测和研究都有其依据,尤其是经过市场反复验证,经历过漫长时间考验的理论,比如说江恩理论,赞同的人说他利用星相学的规律,能精准地预测出股市,利用轮中轮能超前提示出时空变盘点;反对他的人说江恩的方法太虚了,虽然预测对了股市,也是瞎蒙的,不足为取;更有甚者说江恩只是个作家,在股市中没赚到钱,最后是穷死的等等。其实对于这些观点,不需要解释,要知道一种理论一定要经得起时间的考验,随着时间的推移,那些即便生前是平平淡淡的人,为何他们的理论会被后世无数人推崇?因为真理是会不断地被验证,被传承的,你可以说孔子一生也没有什么作为,最大就当上个公安局长的位置;老子也没什么了不起,不就是个国家图书馆管理员吗?但是你不得不承认,经过几千年的洗礼,至今人们仍把他们的思想作为华人的灵魂。而那些生前轰轰烈烈的人,曾几何时他们的观点也被一代人奉为圣经,仅仅数载过后,即被推下神坛,化为尘土。这充分的说明,一种理论必须要经得起时间的验证。反之一种存在上千年的理论,必然有其精髓,这其实就是一种简单的时空观,理论是空间,验证过程是时间。

存在就有道理,长期存在就有规律,找到了这种长期的规律,就能长期地利用它作为自己分析的依据。那我们就要从时间和空间的概念开始谈起,只有理解了真实世界里的时空,才会明白股市里的时空。我努力用最简单的语言将其解释清楚,当然只是轮廓而已,如果要阐述学术上的知识,恐怕一两本书也很难能说清楚,为了阅读方便,我采用问答的方式来阐述。

1. 什么是时空?

时空是一个整体,是一个绝对概念,也是一个抽象概念。简单的说,空间就是物质的变化,时间就是变化的过程,时空就是变化过程的秩序,任何物质都包含在时空之中,时空是真实世界里的四维维度,也可以称为四维时空。

2. 什么是四维时空?

简单来说,空间就是前后左右上下的三维,时间就是第四维,四维时空是我们现实世界里的最低维度,如图 3.1.A 是三维空间示意图,加上时间就是四维时空。

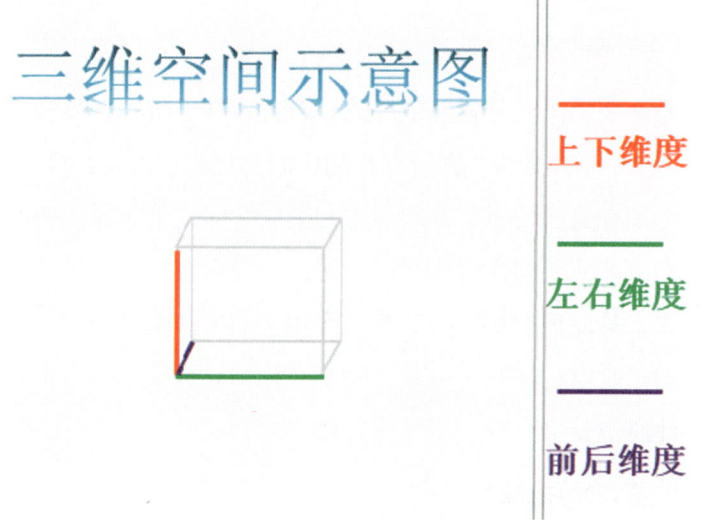

图 3.1.A 三维空间示意图

3. 举例说一下四维时空?

比如说我们生活的世界,我们肉眼看到的空间是二维的,也就是平面的,即前后左右,所以古人认为大地是平的,因为没有三维的概念。比如说卫星一直在绕着地球转,它不在我们二维的空间里,我们能看到它的时候,就是它飞过我们的空间的时候,那是因为我们肉眼能看到前后左右上,看不到我们脚下的另一半,如果卫星在我们脚下开始运行的时候,我们看不到就认为它不存在,因为它不在我们的二维空间里。时

间就是第四维，也就是我们在二维空间里看到三维空间的那一瞬间，可以用时间来记录，时间是人类虚拟出来的，年月日都是一种便于记录的表述，就像一炷香、一盏茶、一顿饭，都可以作为用于计量时间的单位；就像《西游记》里的孙悟空不知时节，就说在烂桃山吃过七次饱桃了；这也是时间。时间是抽象的，是人类为便于记录过程所定义的，但它也是我们真实世界里的一个维度。空间无限包容所有存在，包括物质及非物质的存在，时间无限充满空间，与所有存在密不可分，时空是一个扭曲的图形，既是无限的，也是有限的。

4. 时空有哪些特性？

时空是一个整体，是相互依存的，时空包括了所有物质和非物质的运动，对于一个物体来说，它所存在的空间是无限大的，时间是有限的，每一个物体都有自己的时空，而当空间无限大时，某一物体的时空就会膨胀、变形、弯曲。同样物体在时空里，也会对时空造成影响，也会有紧缩或膨胀，是此消彼长的，这样就产生了引力和电磁力，由此可见时空是对称的，时空是随时、随地、随物变化的。在整个时空中，在某一区域的具体时空是唯一的、不可重复的。

5. 时空影响的规律？

广义上说时空是无限大的，一个小的时空变化在整个时空里是微乎其微的，对整个时空的影响也是有限的，但当一个时空发生变化时，距离它越近的时空受到的影响就会越大，反之，距离越远影响就越小，也就是说相邻的时空影响最大，距离越近相似度就会越高。如果两个时空是重叠的，那么他们之间就是100%比例的相同，当然了，这种情况是不可能的，因为空间如果是有限的，时间就不同，时间是有限的，空间就不同；如果时空是无限的，那么某一区域时空是有限的，所以不可能是100%同一比例。

6. 时空是怎样影响物质的？

时空是一个整体，每一个物体都有自己特有的时空，而时空之间又会相互影响，某一个时空与整个时空之间的影响，就会形成物体外在的形状和运动。比如说：我们吹气球时，气球的时空就在发生变化，气球内的时空膨胀度与球外的时空紧缩度就会相互作用，当球内的时空膨胀度大于球外的时空紧缩度的时候，气球就会不断的膨胀；当球内的膨胀度等于球外的紧缩度的时候，气球的形状就固定了。其中球内的时空膨胀度决定了气球的内表面，球外的时空紧缩度决定了气球的外表面。这样我们也就知道了，所有物体的外表面面积都比内表面面积大，所以物体之间总是存在引力，也是时空紧缩和膨胀的结果。而当我们把气球放了几天以后，你就会发现气球的形状在发生变化，那是因为外面的时空紧缩度发生了变化，也就是当外面的时空紧缩度大于气球里面的时空膨胀度的时候，形状就会出现萎缩。这种体积的缩小也有规律，是以中心为基础开始紧缩的，这就形成了时空的对称。

7. 时空都是对称的吗？

时空是一个整体，只有相邻的时空才是对称的，距离越远就越不对称。相邻的时空就像双胞胎一样，相似度是非常高的，但并不是百分百相同。由于产生的时空不一样，即使是对称的，但时空紧缩度和时空膨胀度不一样，所以也不是百分百相同的比例。当时空紧缩度大于时空膨胀度的时候，就表示时空处于紧缩状态，而紧缩的方向指向物体的中心，就像我们用力挤压一本书，最后会从中间对折，这种对折就是一种对称，且相似度非常高；当时空紧缩度小于时空膨胀度的时候，就表示时空膨胀状态，方向则是离开物体的中心了，就像我们吹蒲公英和肥皂泡一样。所以说相邻的时空都是对称的，但是由于时空膨胀度和紧缩度的不同，会出现不同的表现状态，这种时空的表现状态也会影响物质的外形和对称。

8. 时空为什么会产生弯曲？

时空弯曲就是时空整体的一个变化，就像一个人正常的往前走着，突然开始向后走了，往往是因为有突然外力导致的。还是上面气球的例子，当气球内的膨胀度和球外的紧缩度相等的时候，就形成了气球的形状，但是我们用外力可以让它改变形状甚至爆炸，外力改变形状就是一种时空的弯曲。造成弯曲是因为球内的膨胀度和球外的紧缩度发生了改变，也就是你可以继续向球内吹气改变形状，也可以外力挤压改变形状。

9. 影响时空的因素有哪些？

影响时空的因素主要有两个，一个是外在的环境，一个是时空本身的运动。外在的环境包括引力、电磁力等外力，也包括外在密度，比如说在空气里的紧缩度和水里的就不一样，这都是外在环境发生变化导致的，就和一个房间里的时空一样，房间里只放一张床，你行走的空间就大，东西放多了空间就变小了。在房间里物体增加的同时，房间里的时空也在发生变化，而各种物质都有各自的密度，各种元素都有各自的排布，一切物质的存在都会占有时空，不占时空的物质是不存在的，所以外在环境都会对时空造成影响。另一个是时空本身的运动，也会对时空造成影响，就像旋转和摩擦，当时空旋转时，时空的紧缩度和膨胀度也在发生变化，这种旋转的过程中就产生了摩擦，摩擦的过程中时空紧缩度与膨胀度在相互转换，因为运动就是能量的消耗现象，这会使物体的外表发生变化，就好像两个气球摩擦，一个形状膨胀，那另一个形状就会紧缩，而这样时空就发生了变化，时空本身的运动也会产生摩擦，而摩擦就会改变时空，就像制造陶俑一样，泥胎旋转起来以后，就可以很轻松的改变外面的形状，旋转就是时空本身的运动，而时空只要运动就会发生改变。

上述的这九个问题都是对于真实世界的时空观，只有明白了这些时空的基本概念，才能够对股市中的时空展开学习，深刻的体会了这些以后我们对股市时空也能做出一些回答了，笔者仍然采用问答的方式来阐述。

1. 为什么要学习股市时空？

量、价、时、空是股市中的四要素，不学习时空就等于你丢掉了百分之五十技术分析，量价是平面的，时空是立体的，或者说是四维的，平面的最多就是上下左右前，就是没有后，这就是很多不认同技术分析的人说，技术分析总是滞后的，变化性都非常大，时空在某种意义上说是研究"后"的一种技术，也就是预测。我们通过量价是不能对股市做出预测的，因为股市运行的轨迹不是简单的叠加或平移，每一天的走势都是一个独立存在的时空，这些时空之间存在一定的规律，发现了这种规律就可以避免因无知、盲目而做出错误的决策，虽然我们不能精准的预测出每一天的走势，但在某一区域内进行预测，得到的结果和股价的实际走势之间是具有非常高的相似性的。

所以如果投资者想要在股市中获得满意的收获，学习时空是非常重要的。

2. 股市里的时空知识很难学吗？

其实任何的规律都不难掌握，难的是发现这些规律。人类对于时空的研究至今为止，只是一个轮廓，只是发现了一些规律，或者说只发现了一些信息，而利用这些信息就可以获得收益，笔者记得看过这样一个故事：

山东莱州湾有个小镇，从1862年建镇以来居民们一直靠打鱼、晒盐为生，尤其是盐业，是小镇的主业，小镇因此也成了山东的主要产盐地。小镇生活总的来说安定祥和。但镇民们有个心头之患，就是此地每隔几年或十几年会有一次飓风海潮。每当飓风海潮来临时，10级以上的东北风骤起，大潮汹涌而至，平地起水一至两米。飓风海潮的袭击，轻则使船毁房塌，重则威胁人的生命安全。

1922年12月，山东各地的盐商云集济南。由于各地盐田丰收在望，货源充足，加上人民生活贫困，盐价不高，生意并不好做。尤其是小盐商，多仰仗大盐商的收购。来自小镇的陆某是个大盐商，看着清淡的盐市，他正在考虑收购小盐商的多少盐为妥。突然，他的家人从小镇发来一封电报，说滦州湾爆发飓风海潮，盐田大部分被淹。当时电报是非常希罕的，只有上层官员和个别巨商有条件拍电报。陆某看到电报，心中暗喜，但表面若无其事，对电报内容严加保密。第二天，他对来自家乡盐商的盐一律优惠收购，并预付定金，签订契约，要求按时交货。小盐商对陆某感激不尽，急忙赶回小镇运盐。等回到家，哪里还有什么盐，只见到白汪汪的大水。但契约已签，小盐商不得不等到第二年交货，但由于前一年的飓风海潮，第二年盐价猛涨，陆某因此大赚一笔。

在这个故事中，陆某就是利用信息获利的，而在股市中，利用内部消息获利的也大有人在。其实股市中时空的规律就是一种信息、一种信号、一种概率，运用并不复杂，发现才是最难的。当然，股市中的时空是很多个独立的个体，那就会有很多个规律，传达很多个信息。

前文在时空的规律方面讲到，没有百分百同比例的时空，只有相似度很高的时空。也就是说原则上每一只股票都有自己特有的时空，虽然他们之间有很高的相似度，比如同一板块，同一行业，同一题材，同一体量等等，都会有很高的相似度，这就说明他们之间会存在着共同的时空规律，或者说某一个时空规律会对大部分股票有效。

所以我们在实际运用过程中，不能每次都苛求完美，理论上所有的股票都是可以预测的，都是在股市时空的维度以内，但要根据实际的变化来调整运用的方法或降低预期。在实际应用过程中，我们可以根据实际情况选择不同的方法来对股市进行预测。比如在前文中图 2.3.G 我们提到，关于计算回调点的三个公式：

$$E1 = H \div \sqrt{\sqrt{H \div S}}$$

$$E2 = H \div \sqrt{H \div S}$$

$$E3 = H \div \left(\sqrt{\sqrt{H \div S}} + \sqrt{H \div S} - 1\right)$$

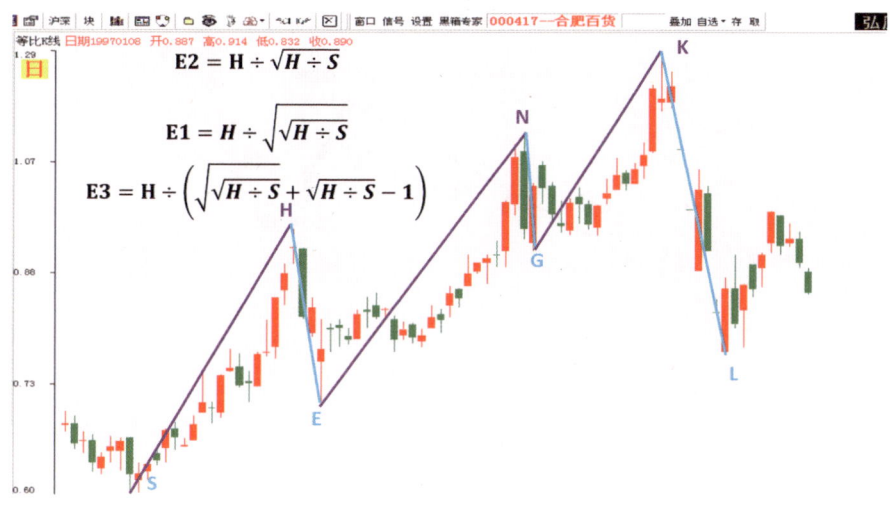

图 3.1.B 合肥百货日线走势图

其中 E1 点是股价的强势回调点；E2 点是股价的正常回调点；E3 点则是股价的弱势回调点。如果在上涨趋势中我们想要计算回调低点则可以根据实际情况灵活使用这三个公式。若股价上涨强势，回调的幅度小，上涨的力度大，则选用 E1 点公式计算回调低点；若一般情况下或者无法判断股价走势是强势还是弱势的时候则选用 E2 点公式计算回调低点，如图 3.1.B 中 SHE 或 ENG 模型；若是计算股价做顶时的弱势回调点，如图 3.1.B 中 GKL 模型，则选择 E3 点公式计算回调低点。

也可以用不同的预测方法互相验证，以增加预测的准确性。

图 3.1.C 精功科技日线走势图

如图 3.1.C 是 002006—精功科技 2010 年 7 月到 11 月的日 K 线走势图。我们可以看到，股价在进行过一段时间之后 2010 年 8 月 6 日从低点 S 的 3.981 元开始拉升，直到 9 月 14 日出现高点 H，最高价 5.388 元，那么我们对 E 点进行预测时就可以选取多种预测方法：

第一种方法，前文中我们提到，一般都是股价匀速下跌且股价不高的情况下，存在的三等根号平均的方法，也就是低点的平方等于高点三倍，则我们将 H 代入公式可求得 E=4.020 元。

第二种方法，E 点是波段回调点，也是下跌的最低点和上涨的启动点，它是 a 点的黄金分割数，则我们可以用黄金分割率来求出 E 点为 4.227 元。

第三种方法，将高点 H 和低点 S 代入四段五点模型中 E2 点的求解公式，可以求得 E 点股价为 4.631 元。

通过三种不同的方法我们求出了 E 点的三个支撑位，而股价的实际走势在 2010 年 9 月 30 日出现最低价 4.505 元，连续跌破两个支撑位，当股价接近支撑位时我们就可以关注，而当股价在接近第三支撑位开始拉升之时我们就可以抄底，抓住 E 点之后的上涨。

3. 股市时空既然是一个整体，那能准确的预测出何时何价吗？

何时何价是股民梦寐以求的信息，知道某一天到达某一个价格，就可以提前进行决策，虽然股市里有很多因素都会影响到股价，但是并不影响人们对何时何价的研究，就像天气预报一样，尽管影响天气的因素有很多，自古就有天有不测风云之说，但是找到了大气运行的规律，利用卫星云图和天气图的分析，结合气象资料、地形和季节特点、甚至是民俗经验等综合研究，就能对天气做出精确的预测。虽然天气预测自古有之，但是直到有了卫星云图后，才有了巨大的飞跃，使天气预报能做到精准，但是仍然难免会出现误报和漏报，说明还有很大的进步空间。

股市中的何时何价同样吸引着很多大师。索罗斯曾经说过，一个投资者想知道一只股票涨到什么价格，并不是太难的事情，什么时间能够达到那个价格就比较难了。江恩是现在人们公认的预测大师，他曾经精准的预测出很多走势，并且是在媒体的监督下进行的，他告诉我们当时间和空间在一个正方形的时候，股价就会发生转折。几乎全世界的人都在学习江恩理论，但是不得不说能成功运用的并不多。由此可以得出，股价虽然能够被精准的预测，但不是每一次都可以，这就说明还需要有人进行更深入的研究，去探索何时何价的秘密，在本书里也会介绍一个全新的何时何价的方法。

其实对于普通的投资者来说，时空预测要结合实际的运用，大可不必要求那么精确。我们如果把空间要求到某个区域内，时间要求到某个阶段，那么就要容易多了。但这并不代表何时何价做不到，我们根据真实世界里的时空理论，可以知道每一个时空都是可以被标记的，也都是可以被精准预测的，股市中的走势也是时空的一部分，只不过更复杂一些。

4. 为什么有时预测的结果与实际差别很大？

在上面时空的讲解里，我们知道物体的形状是由物体内的膨胀度与物体外的紧缩度饱和所决定的，这些是在没有外力的作用下产生的，但是如果人为的挤压或者是其它外力的作用，那么形状就会发生改变。股市中也是这样的，每一天的走势也有自己的形状，并且这种形状都是一个独立的时空体，趋势的上涨就是膨胀度大于紧缩度，趋势的下跌就是紧缩度大于膨胀度，在没有刻意人为外力的影响下，我们知道了膨胀度和紧缩度的对比，就能得知市场未来的走势。如果我们能更清晰的知道，具体的膨胀度和紧缩度的数据，就能精准的预测了。就好比我们知道一部车的每公里耗油量，又知道了油箱里还有多少油，那么我们就能知道车子还能跑多么远，甚至可以精准的知道车子跑多远之后还剩多少油。

但问题也出来了，如果遇到山路，耗油量上升会影响我们的判断，交通堵塞会影响我们的判断，甚至驾驶员的驾驶水平都会是影响最终结果的因素。股市中也是这样，当遇到外力的时候，预测的结果就会和实际的走势有区别。但是这些毕竟都是偶尔发生的，就像江恩说的那样，你可以用抽水机把水从低位抽到高位，但是不能改变水往低处流的规律。

股票大势，牛久必熊，熊久必牛，世间万物总是兴衰更替，阴阳轮转，股市也不例外，这就是规律。尽管股价有可能会受到各种人为或自然因素影响而发生波动，但其规律却不可逆转，1996年最后三周的牛市暴跌就是一个典型的例子，如图 3.1.D：

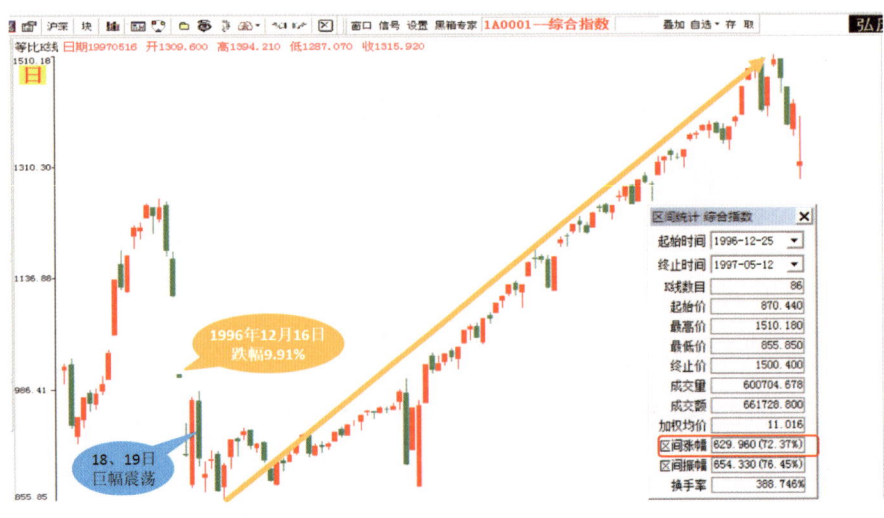

图 3.1.D 上证指数日线走势图

1994年7月上证指数下跌至325点终于牛熊轮转,开始了新一轮轰轰烈烈的牛市行情,从1994年7月325点到1997年5月1510点,牛市大幅上涨。在牛市中,上涨就是大势,就是规律。但即使是在牛市中也会因为各种因素造成股市暴跌,比如1996年12月16日,受《人民日报》发表的特约评论员文章《正确认识当前股票市场》(警惕证券市场严重过度的投机行为)影响,引发股市地震,当天两市大盘跌停,上证指数跌幅高达9.91%,深证成指跌幅10.08%,次日,股指继续暴跌,上证指数再跌9.44%。

然而,18日沪指暴涨,涨幅7.42%,之后19日又开始暴跌,跌幅7.23%。这或许是A股历史上震荡最大的一段时期,真可谓是"蹦极般的刺激"。如此重大的利空加上造成的市场恐慌,可谓人为因素影响市场的典型,然而结果是,从12月25日(855点)开始,半年后达到1510.18点的高位,涨幅高达72.37%,利空被市场消化之后,牛市行情继续。就像水往低处走一样,也许股价会受到其他因素的影响,但偶然因素的影响总是短暂的,股价终究要顺应大势,回到本身运行的规律上来。那么,作为投资者,在实际操作中,即使股价受到各种因素影响,致使预测的结果与实际有所差别,我们只要顺应趋势,从大处着眼,一样能够稳坐钓鱼台,从容获利。

人为的影响总是短暂的,突发事件都是偶然的,天灾人祸则是小概率事件,我们可以了解他们的规律,但也要知道这些因素会带来时空预测的结果差异。

5. 股市时空是对称的吗?

很多时候我们会注意到股市中会有对称的现象,上涨的时间与下跌的时间一模一样,甚至连空间都一样,这就让很多人觉得股价的走势是对称的。但是我们经过反复研究后发现,股市有时对称,有时又不对称,最终觉得对称只是偶然现象。按照时空理论,每一个时空都是独立的,都会对其他的时空产生影响,其中距离越大,影响越小,就像磁场一样。

这种时空规律在现实生活中也存在，距离较近的两个村庄风俗几乎是一样的，其实这就是时空的影响。

时空都是对称的，我们眼睛看到的时空几乎都是对称的，圆形、三角形、方形、菱形等都可以从中间开始平分。因为物体的形状是由时空紧缩度和膨胀度所决定的，而只有物体内的膨胀度与物体外的紧缩度相等时，才会形成物体的形状，所以一切物体都是对称的，时空也是对称的，股市中的时空当然也是对称的。

每一次不对称其实就是外力作用的结果,这也给了我们研究的思路。比如说一只股票涨了十天，就应该要跌十天，就像杠杆一样，作用力和反作用力是相等的。结果股价没有跌十天，而是跌了五天，这说明有外力存在，并且这个外力是向上推动股价的，这就是股市中的强势上涨。我们就可以用此来衡量外力的大小以及与对称时空的差距，这个差距就是股市中经常提到的时空互换，也就是时间换空间或者是空间换时间。

下面我们来看几个时空互换的例子：

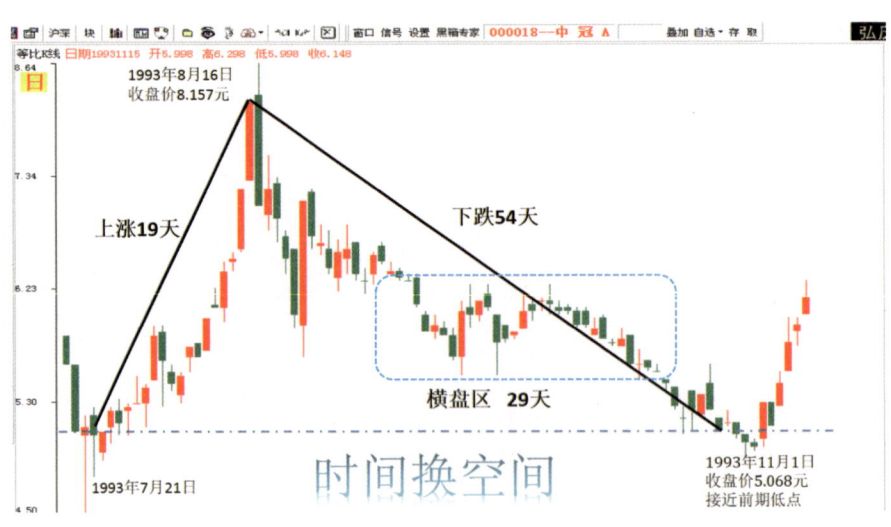

图 3.1.E 时间换空间

如图 3.1.E 是 000018—中冠 A 从 1993 年 7 月到 11 月的日 K 线走势图，道氏理论中认为，在每根 K 线所包含的四个价格中，收盘价是最重要的，下面我们以收盘价来研究这个例子中的时空转换。1993年7月21日出现最低收盘价5.038元,8月16日出现最高收盘价8.157元,二者之间相距19个交易日,次日股价高开低走,开始下跌,至1993年11月1日收盘价为5.068元,接近前期最低收盘价,其间相距54个交易日。

同样的上涨下跌幅度,下跌用了54天,而上涨只用了19天,这不符合时空对称的原则。这是为什么呢?我们可以看到在股价下跌的途中,有一段明显的横盘区(图中蓝色框线标识),股价在这里震荡了29天之后才继续下跌,如果我们排除掉横盘的这29天就会发现实际上股价下跌只用了25天,此时的下跌时间就比较接近上涨时间了。实际上从图中我们可以发现,股价在高点之后第49个交易日(10月26日)下影线就已经抵达了5.038元,减去横盘的时间,此时刚好是下跌的第20天。这种情况就属于明显的时间换空间。

时空互换共有两种情况,一种是上面我们提到的时间换空间,另一种就是空间换时间,下图是一个空间换时间的案例:

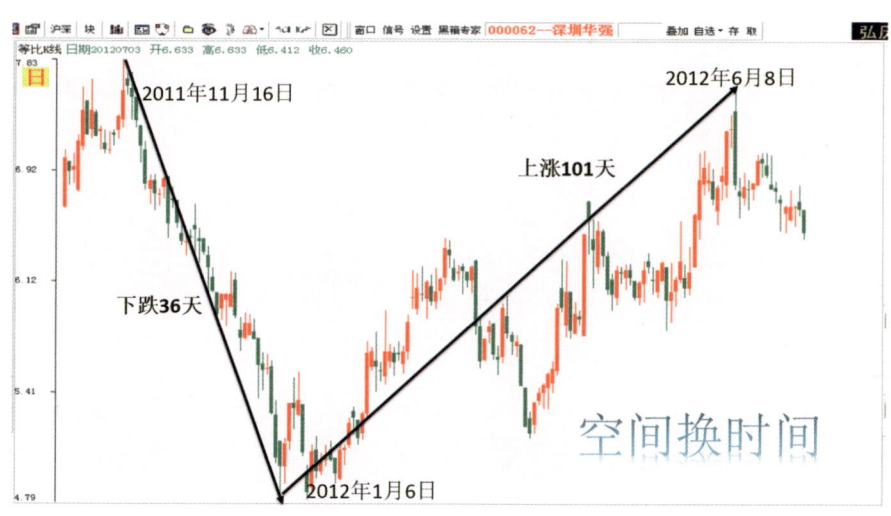

图 3.1.F 空间换时间

如图 3.1.F 是 000062—深圳华强 2011 年 11 月到 2012 年 7 月的日K线走势图。图中我们可以看到,股价从 2011 年 11 月 16 日的最高价

7.829 元开始下跌,直到 2012 年 1 月 6 日见到最低价 4.996 元,之后股价开始上涨,一直到 2012 年 6 月 8 日见顶,出现最高价 7.580 元,一轮涨跌共用时 137 个交易日。

从图中,我们可以看到,股价从 7.829 元下跌到 4.996 元,又从 4.996 元上涨到 7.580 元,上涨和下跌的幅度几乎相等。那么根据时空的对称性原则,股价的上涨和下跌用时也应该相同,即大概 68 到 69 个交易日。而实际上股价的下跌只进行了 36 个交易日,在 2012 年 1 月 6 日就跌到了 4.996 元。之后股价开始上涨,一直上涨了 101 个交易日才涨到 7.580 元,完成上涨的过程。这种同等幅度下的快涨慢跌或者快跌慢涨,就是时空互换中空间换时间的情况。

小 结

本节中我们讲到了股市中时空的基础概念,首先确立了在现实世界中的时空观,讲到了四维时空和时空的一些特性,包括影响时空的因素等等。在我们日常的生活中,时间与空间无处不在,但是每个人对时空的理解和掌握却各有不同,时空的很多性质是我们所不了解的,或者是我们经常见到却从没有深入思考过的。

在一定程度上,现实中的时空与股市中的时空规律是相通的。在本节,笔者通过问答的形式将时空的这些性质进行简单的说明,这样可以方便我们更加轻松的理解股市中的时空规律。

之后笔者由股市中时空的一些特点以问答形式进行了详细的阐述,包括学习时空的意义和必要性,甚至就股民朋友们在实际预测中出现的普遍性问题——为什么有时预测的结果与实际差别很大,进行了论述和研究,最后由时空的对称性引入了时空互换的概念。

希望通过本节的学习能够让大家对股市中时空的性质有一个明确的理解,能够帮助大家更好地预测股市。

第二节 时空的概念

时间和空间是一个抽象的概念，它们无所不在，却又是看不见摸不着，单纯的时间和空间研究会相对简单，而时空的组合就要复杂得多。由于它们时刻存在，所以不是每一个时空都有意义。但是每一个时空都是未来不可缺少的，对于未来都会有着深刻的影响。

每一个时空都不能少，在一只股票里面，少了任何一根K线，这个股价的历史高点都会发生转变。所以你要知道，时空是很抽象的。但是对于股民们来讲，学习抽象的东西很困难，股民们都希望学的东西越简单越好，简单到不用耳朵和大脑就最好了。脑子是越用越灵的，长时间不用的结果是什么？

股市这么复杂，你老想只用眼睛解决问题，这种简单的方法有吗？有，但是有得必有失，过于简单的东西就没有内涵，在实用性和准确性上就要差很多。虽然股市很复杂，但是我们可以利用工具让它变得简单，工具可以降低你的工作难度，但是方法你是必须要学的。对于方法，我们时机合适的时候可以去运用，但是不能只依靠这些简单的方法。

时空研究的要素

时空研究的要素有三点：累积、节奏和共振。

累积：时间的累积会迎来空间的上涨，空间的累积会变成时间的复位。

时间的累积会迎来空间的上涨，这句话好理解，一只股票横有多长竖有多高。横盘时空间没怎么变，时间在累积。空间的累积会变成时间的复位（这句话很重要，后文还会讲到），这是选股的一个思路，很少有人用，空间的累积更抽象。什么叫做空间的累积？本来一只股票应该十天涨到十块钱，结果五天就涨到十块钱了，空间是不是就大了，另外

模型理论 ②

时空对数法则

那五天是不是可以涨得更高？这样的上涨就会超过原来的空间，且时间变短，那么接下来等待的就是时间的复位。空间之间的价差就是我们最佳的获利，也是我们最安全的获利。

节奏：每只股票都是单独个体，它们都有自己的时空节奏，这种节奏就是个股的时空密码。

股票最难的是什么？在时空之门中，每一只股票都有自己的序列，空间也是这样，每一只股票的价格都有自己的密码，也都有自己独特的时空节奏。就像我研究美国股市上百年的数据，美国股市时间周期和空间的配合在40天至41天是最准的，但是这个时间拿到中国来就不准，中国的节奏远比这大得多，约在44至46天，中国股市在这个时空周期里面配合是最完美的，几乎每个高低点都和它有关系。

技术分析之所以很难，就在于每一只股票上市之后都有它自己的性质。什么是基本分析？股票就好比是你的孩子，孩子是你的，但是你说了算吗？大部分时间你说了算，越大越不算。股票也是如此，上市时间越久的越不算，这就好比孩子越大越不听你的。一个公司上市的时间已经很长，和母体就没什么关系了。孩子是你的，但不全都属于你，不是你想干嘛就能干嘛的。

而技术分析就是研究孩子本身，而不是研究他的父母，他的父母只是其中的一个部分，因为父母所有的遗传都在基因上，把孩子的基因研究好就OK了。技术分析包含了价值投资和基本面分析，因为所有的消息影响都会体现在价格上，我们只需要知道这种节奏是什么样的就可以。要想知道这个节奏，就需要对大量的历史数据进行统计。

共振：不是每个时空节奏都会有大的变化，而每个顶底都会共振。

这种共振是指时间和空间都到了某一个位置。学懂这本书中的所有内容，你就能够更加准确地判断出某只股票在什么时间运行到什么价位。你可以对它每一个时间的每一个价格作出预测，之前你从来没有见过这种方法，在国内也没有任何人教过这种方法。

我们做一个联想，如果我知道一只股票每天会涨多少，我是不是就可以知道十天以后涨多少？人们长时间以来一直被困扰的，就是没有办法把时间和价格平均。一只股票从5元涨到10元，涨了20天，我们算一下平均一天涨多少，再将这个数值加到每一天里，有意义吗？没有，因为你永远不知道时空的节奏。想弄明白时空节奏问题，推理的过程非常麻烦，但是一旦你了解之后，运用起来就会非常简单。

我曾把大盘从1991年到现在的走势，调取了每一天的高开低收数据（开盘价、最高价、最低价、收盘价）做了统计表，经过长期研究之后才得出结论。而每一只股票也是这样，得出结果之后再去利用就会发现，原来股票每一天的波动都是有规律的。今天应该涨五块的，结果今天涨了六块，是不是就多涨了一块？明天就应该补回来。为什么涨了以后会跌，跌了以后又会涨呢？涨多了，超过你的预期就会跌回来；跌多了，超过你的预测就会涨回来。本身规律就是这样的。

找到这种节奏有什么用？不是每一个节奏都会有大的变化，而每一个顶底都会出现共振。所以，这三句话希望大家都能够记住。

小　结

本节主要讲述时空研究的三大要素，分别是累积、节奏和共振。在此，我们需要明确的是：

第一，时间的累积会迎来空间的上涨，空间的累积会变成时间的复位。

第二，每只股票都是单独个体，它们都有自己的时空节奏，这种节奏就是个股的时空密码。

第三，本节中提到的共振是指股价运行时，时间和空间都达到了某一位置，如果我们把握了时空的共振，就可以做到时空预测的零误差。

第三节　股市时空三要素

股市中的每一个走势都是一个独立的时空，每一个时空都是未来不可缺少的，对于未来都会有着深刻的影响。但不是每一个时空都是重点，就好比每一只股票都有涨跌，我们不能老是拿着一只股票不动，既然是波动就有高峰与低谷，不管是技术分析还是基本分析，都是试图找到价格的低谷。时空分析就是在量价分析的基础上，更加准确的找到这些低谷，找到最佳的进场时机。要实现这个目的，当我们去研究时空的时候，就要了解时空研究的要素，在模型理论中时空研究的三要素是累积、节奏和共振，现在我们分别来看一下各自的特点。

1. 时空累积

如果问股民最喜欢什么样的股票？那他们会异口同声的回答"暴涨的"，谁都想在最短的时间内获得最多的利润，但是这样的股票在没有启动以前我们很难找到它，所以股民都管这样的股票叫做黑马，黑马股在没有崭露头角之前都是未知的。如何利用股市里的时空关系来找到这样的股票？在回答这个问题之前首先要明白一个道理，本节中讲到的利用时空关系寻找到的暴涨的股票，都是正常的时空因素所产生的，并非是突然的利好或者是停牌过后连续上涨的，也就是说利用时空规律并不能找到所有上涨的股票，只能是根据时空累积的规律，寻找到时间和空间出现剧烈变化的股票，要找到这样的股票，就要明白时间和空间的关系。首先我们来看对于累积的描述：时间的累积会迎来空间的上涨，空间的累积会变成时间的回归。

在第二节中我们提到了这句话，要真正理解这句话就必须知道什么是时间累积和空间累积。时间累积简单的说就是横盘，价格在一个狭窄的区域内波动，这种走势我们经常能看到，它的结束取决于时间，只有时间到了，横盘才会结束，这就是以时间换空间。每一天的走势都是一个独立的时空，每一个时空都有自己的能量，并且各个时空之间又会相互影响。每一个时空就如同一个电池，时间的累积就是把这些电池都横向的连接在一起，能量自然就增加了很多，所以股市中有一个谚语"横有多长，竖有多高"。

图 3.3.A 横有多长，竖有多高

如图 3.3.A 是 000010—深华新从 2014 年 6 月到 2015 年 6 月的日 K 线走势图。图中我们可以看到，股价从 2014 年 6 月结束上涨，开始横盘，直到同年 12 月才开始起涨，一直横盘了六个月，形成了一条长长的"横"，之后股票停牌 5 个月，在复牌之后一路涨停，仅 22 个交易日，股价从 2014 年 12 月 23 日的 7.120 元一路上涨到 2015 年 6 月 12 日的 17.990 元，涨幅 146.91%，这是一个"横有多长，竖有多高"的典型，时间的累积最终造成股价在空间上的爆发式上涨，在股市中这样的例子还有很多。

这就是时间的累积迎来空间的上涨，当然也要注意一个问题，就是横盘时间过长就会下跌了，横盘过后是上涨还是下跌取决于横盘的时间，就像电压太大了会将电灯灯丝烧断，气压强了会让气球爆炸一样，任何理论的存在都会有前提条件，超过了这个条件就不成立了。如图3.3.B：

图3.3.B 深华发A日线走势图

图3.3.B是000020—深华发A从2007年6月到2008年11月的日K线走势图，图中我们可以看到，股价从2007年7月到2008年3月进行了长达8个月的横盘之后，从2008年3月7日开始深幅下跌，跌幅高达74.32%，这种情况就属于横盘时间过长导致的下跌。

空间累积这个词很少有人提到，其实就是空间换时间。比如之前我们讲到000062—深圳华强的例子，这只股票应该是68天跌到4.785元，结果36天就跌到4.785元了，那么多余的32天就会上涨。所以大家经常会发现一个规律，**快速上涨的股票往往会慢速下跌，慢速上涨的股票，往往会快速下跌**，这就是空间换时间的结果。某一只股票由于利好消息或者是大资金进场，造成股价快速上涨，当充足的时间到位以后，股价还会继续快速上涨，为什么会这样呢？有两个原因，一是主力进场之后致使股价大幅上涨，经过充分的调整后，赶走市场的浮动筹码，但此时主力并没有获利，只有再次拉升才能获利，所以往往还有一波上涨；另外一个就是时空的因素，我们知道相邻的时空相似度是最高的，是最有可能对称的，股价出现了一次快跌慢涨之后，再出现一次的概率就非常大。

实战案例如下：

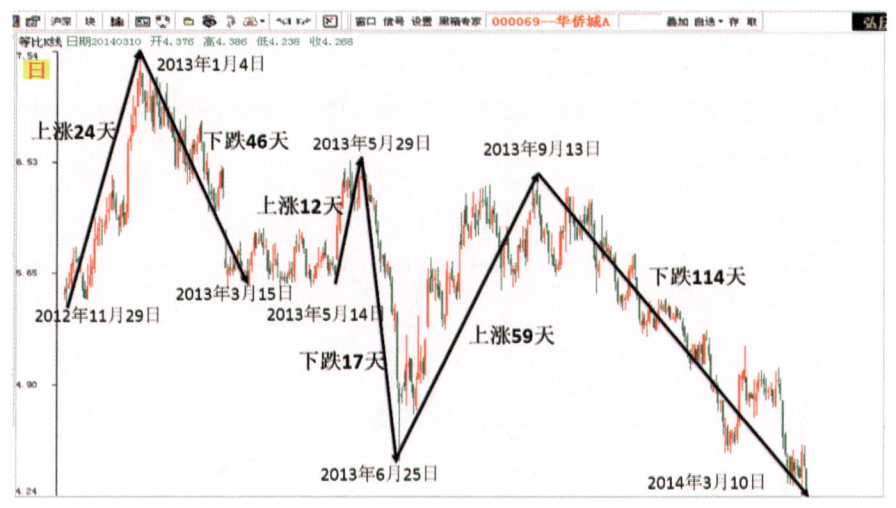

图 3.3.C 华侨城 A 日线走势图

如图是 000069—华侨城 A 从 2012 年 11 月至 2014 年 3 月的日 K 线走势图。图中我们可以看到股价从 2012 年 11 月 29 日开始上涨，直到 2013 年 1 月 4 日到达顶点，上涨用时 24 个交易日；见顶回调至 2013 年 3 月 15 日，完成一波下跌，下跌用时 46 个交易日。股价从 2012 年 11 月 29 日到 2013 年 3 月 15 日的走势出现了一次快涨慢跌。

3 月 15 日完成下跌之后股价进入横盘，两个月之后在 2013 年 5 月 14 日，股价开始第二波拉升，直到 2013 年 5 月 29 日股价见顶回调，上涨用时 12 个交易日；回调至 2013 年 6 月 25 日出现低点，进行一轮下跌，下跌用时 17 个交易日。可以看到，股价从 2013 年 5 月 14 日到 2013 年 6 月 25 日的走势出现了第二次快涨慢跌。

股价见底之后立刻开始了第三波上涨，这是三次快涨慢跌中涨跌幅

时空对数法则

最大、用时最长的一次。股价从 2013 年 6 月 25 日上涨到 2013 年 9 月 13 日出现高点，上涨用时 59 个交易日；之后股价开始下跌，直到 2014 年 3 月 10 日止跌，下跌用时 114 个交易日。从 2013 年 6 月 25 日到 2014 年 3 月 10 日，这是股价走势出现的第三次快涨慢跌。

我们可以看到，在图 3.3.C 中，股价连续出现了三次快涨慢跌，每次出现快涨慢跌之后紧接着就会出现一个相近的走势。这是由相邻时空的相似性决定的，前文中我们提到，相邻时空的相似度是最高的，是最有可能对称的。

这是先涨后跌的情况，下面我们来看一个先跌后涨的情况：

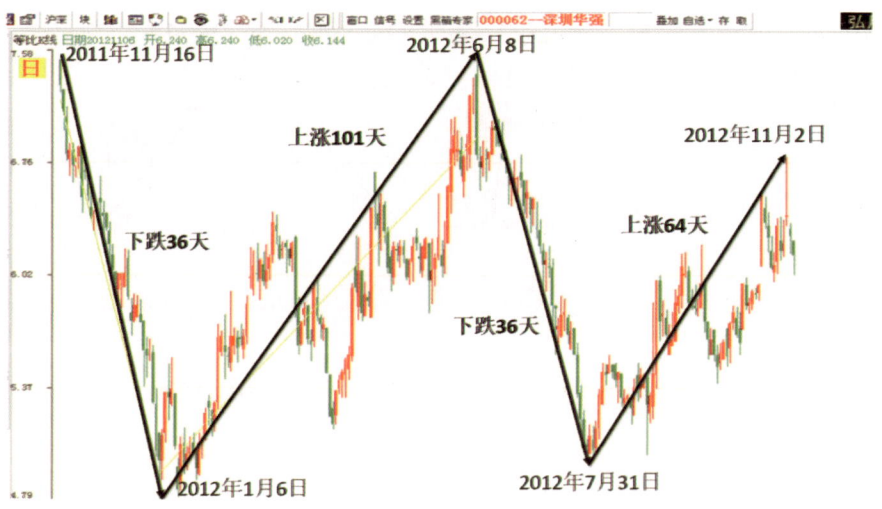

图 3.3.D　深圳华强日线走势图

图 3.3.D 是我们前文中提到的 000062—深圳华强这一例子的后续走势图。我们可以看到，股价从 2011 年 11 月 16 日到 2012 年 1 月 6 日，用 36 个交易日进行一波下跌，触底之后又从 2012 年 1 月 6 日用了 101 个交易日一直上涨到 2012 年 6 月 8 日出现高点，形成一个快跌慢涨模型；之后股价开始回落，下跌至 2012 年 7 月 31 日出现低点，与第一次下跌相同，也用了 36 个交易日，股价触底反弹一路上涨到 2012 年 11 月 2 日，

上涨了64个交易日，同样形成一个快跌慢涨模型。

从前面的例子中，我们可以知道，股价出现了一次快涨慢跌之后，再出现一次的概率就非常大。同样的道理，快跌慢涨也是如此。这也变成了一个很好的选股方法，笔者已经反复验证过空间累积的方法，效果非常好，并且很少有人参与这样的股票，下文中会详细的讲到这种空间累积方法的使用。这样我们就能理解"空间的累积会变成时间的回归"了，暴涨的股票会缓慢的下跌，因为上涨的时间变成下跌的时间，所以原本下跌的时间就增加了。

2. 时空节奏

所有的股票都会上涨，只不过有的涨得多，有的涨得少，有的一年涨一次，有的一次涨一年。股票像活火山，每一个都会喷发，只不过周期不同。这就是我们经常提到的股性。我们经常能听到股民说这只股票股性很火，股性就是一种时空的节奏，是在一段时间内股价反复出现某一种走势的总称。

很多时候你会发现同一个指标，有的股票用就有效，有的用就会失效，这就是时空节奏使然。就像前文中提到的，我在统计美国道琼斯指数时，发现美国股市时间周期和空间的配合在40-41天最准，在这个周期下平均转折率是最高的。但是，这个时间周期用到中国股市中来就不准，中国股市的节奏要更大一些，中国股市的波段平均转折率在42-46天，这是根据历史的数据进行平均统计的结果，在下一章里我们会谈到这种统计的方法。

技术分析本身就是一种统计的理论，经过对历史数据的统计和分析，找到股价波动的节奏和规律，技术分析之所以很难，就是因为每一只股票上市之后都有它自己的节奏。时空节奏说的再简单一些就是股票的波动习惯，就像每一个人都有自己的习惯，这些习惯会左右他的生活，而

时空对数法则

每只股票也有自己的习惯,比如有的股票每次回落到上升趋势线附近就会见底回升,有的股票每次回调都不会跌破前期高点,有的股票只要放量上涨就会见顶,有的股票每当单边上涨或下跌10个交易日就会出现反转……这些都是不同股票的习惯,也都是时空节奏。

3. 时空共振

时空共振就是我们最喜欢的何时何价,即到了某个时间出现某个价格,就像中午12点太阳就会在正南方直射地面,此时温度也是最高的,这其实就是何时何价时空共振了。在这个例子中我们要知道,所谓的何时何价也不一定很精确,如果你问别人中午的时候温度是全天最高的,对吗?他肯定会赞同你的观点,但是如果你较真就不一定了,因为太阳的直射会因为纬度和季节发生略微的改变。你也可以说再过6个小时天就黑了,这句话本身没有问题,但也不是绝对的。由此我们知道,所谓的时空共振并非是极其精准的,是时间和空间允许在某个区间内产生,且会出现偏移或误差,就好比中午12点不一定是全天最热的时刻一样,虽然是普遍存在的规律,但不会每次都那么精准。

时间和空间是一个整体,当它们提前或者是滞后的时候都代表着一种强势,比如一只上涨的股票,高点延后代表空间强势,高点提前代表时间强势,空间强势代表着上升趋势推动力大,空间突破的吸引力强,也就是向上的空间得不到满足,就会跨越时间;时间的强势代表着上升动能不强,时间可以轻易的改变趋势的方向,预示着时间的吸引力非常大,往往是多周期的重合区,这样价格的波动规律性较弱,趋势方向不明显,这些都是时间强势的特征。

对于时空共振江恩的观点非常客观,就是知道某只股票多长时间内最少会到达某个价格,或者是要到达某个价格最少需要多长时间,这虽然是一个模糊的概念,但是足以揭示出时间和空间在限定的条件下,会有最小实现单位。就好比百米赛跑，我们只要知道某一时间的世界纪录，就可以判断某个人跑一百米最少不会少于世界纪录，当然这是大概率事件，并且误差较小，但是即便这样不能精确，纪录在被不断的刷新，1896年百米世界纪录是11秒8，一百年后的1996年就变成了9秒8了，同样是100米的空间，一百年的时间里只变化了两秒。

一只股票也是这样，比如一个上市三年以上公司的股票，经过统计发现，在所有的上升波段里，十个交易日内最大涨幅是百分之三十，当这个股票再次出现快速上涨的时候，你就可以说，在未来的十个交易日内，这个股票最多会涨到百分之三十的价格，也可以说要涨到百分之三十的价格，最少需要十个交易日。同样的道理，统计最小的单位或平均波幅也能得出相应的答案。

时空共振的预测方法分为两种，一种是固定模型的时空共振，比如黄金分割、螺旋周期、时空之门、波浪矩阵等。它们的特点是根据相应的理论，推算出固定的数字或比例，对未来时空进行等周期等比例的预测，得出确定的时间和空间，这种方法被广泛的应用于股市中。因为这些理论无论原理多么复杂，实际应用都比较简单，普通的投资者都能掌握，但是由于使用广泛和不变通性，实战效果并不是太好，且具有滞后性和成功率低的缺点。固定模型的时空共振的特点是封闭的、孤立的、剔除外界影响因素的、用在稳定市场中的方法。

另一种方法是随机模型的时空共振，随机模型的时空共振也可以说是固定预测模型概念的延伸，即股市中会有随机性。预测一只股票的价格走势未来会上涨或下跌，总会有一个前提条件，而这个条件有时出现，有时不出现，这就决定了预测可能会有两种结果。固定预测模型就是在假设条件存在的情况下随机模型的特别定制，这就决定了随机模型的时空共振最少会有两个变量，这也决定了随机模型的时空共振要复杂的多，只能通过均值来判断方向，通过差值来调整结果。

随机模型的时空共振是股市波动的真实写照，它既能预测股市波动，又能根据实际的走势来调整变量的参数。当然由于它有不确定性的特点，学起来也比较复杂，所以大多数人几乎没有学习过这种方法，甚至在市面上也没有一本专门介绍随机模型预测的方法的书，因为这需要对大量的历史数据进行统计才能确定一个变量的参数，并且这个参数是动态的，还要根据市场的走势进行参数的修正。比如看到了某只股票今天大涨，但是能否确定明天会继续上涨？或者说今天的上涨对未来是不是有影响，能影响多长时间？这是长时间以来一直困扰每一位投资者的问题。生活中我们知道物体的平均运动规律，就能预测出下一刻物体停留的位置，但股市不是简单的平均，也没有办法把时间和价格平均，不能说一只股票从5元涨到10元，涨了20天，我们就得出平均一天涨0.25元，然后按照这种节奏来预测股市。

市场虽然看起来是随机的，但是每一天的走势都是一个单独的时空体，就像两片叶子一样，没有完全相同的。既然是独立的时空体，就会有运动快慢，这种运动的快慢就是时空运行的节奏，知道了这种结构就能发现，随机市场中时空的相互损耗，这样就能得知要么某个时间到达某个价格，要么到达某个价格需要多长时间。在本书里我们会重点介绍一种随机模型的时空共振方法，这种方法从来没有人应用过，尽管它一直存在于市场中。因为这种方法的获得需要反复求证才能确定股市随机模型的参数，这个参数是独特的、唯一的，并且是实时变化的，希望每一个读者都能反复的学习和钻研这种方法。

小 结

本节中我们学习了股市时空的三要素，明确了它们的意义，并且讲到了它们在实战应用中的使用方法。

在模型理论中时空研究的三要素是：时空累积、时空节奏和时空共振。

其中，时空累积是指时间的累积会迎来空间的上涨，空间的累积会变成时间的回归。时间的累积会迎来空间的上涨，简单来讲就是股市中十分常见的"横有多长，竖有多高"的现象，而空间的累积会变成时间的回归，其实就是空间换时间，即快速的上涨往往伴随缓慢的下跌，而快速的下跌往往伴随缓慢的上涨。

笔者还介绍了一种利用时空积累和相邻时空的相似性选股的方法，即股价出现了一次快涨慢跌之后，很有可能会再次出现同样的情况。这种方法简单实用，并且经过反复的验证。

时空节奏就是我们常说的"股性"，熟知一只股票的股性，就掌握了这只股票运行时的时空变化节奏，就能更容易的把握股价未来的走势。就好比你摸清了一个人的性格特点，就能很轻易地判断出他下一步会怎么做，例如《三国演义》中著名的"空城计"，诸葛亮之所以敢用一座空城来抵御追兵，是摸清了司马懿狡诈多疑的性格特点，如果兵临城下的是性格火爆的张飞，相信诸葛亮绝不敢用空城计诈他。对人如此，对股票也是如此，只有熟悉的股票，你才能把握它的"股性"，才能更准确地判断出它下一步会如何运行。

时空共振是由于时空的整体性，时间和空间是一个整体，当它们提前或滞后的时候都代表着一种强势，对于一只股票来说，高点延后代表空间强势，高点提前代表时间强势，空间强势代表着上升趋势推动力大，空间突破的吸引力强，向上的空间得不到满足，就会跨越时间；时间的强势代表着上升动能不强，时间可以轻易的改变趋势的方向，预示着时间的吸引力非常大，往往是在多周期的重合区，特点是价格的波动规律性较弱，趋势方向不明显。我们可以应用时空共振的特征判断股价未来走势。

时空共振的预测方法分为固定模型和随机模型两种，固定模型的时空共振是指根据相应的理论，推算出固定的数字或比例，对未来时空进行等周期等比例的预测，得出确定的时间和空间。这种方法的优点是适应性强，普遍适用于大多数个股，并且实际应用比较简单，普通的投资者都能掌握；缺点是针对性不强，在使用时往往会出现误差，并且往往存在滞后性，这些都给投资者的使用造成了不便。这种方法适合用在稳定的市场中。

随机模型的时空共振是股市波动的真实写照，它既能预测股市波动，又能根据实际的走势来调整变量的参数，这种方法的优势在于其准确性，但是由于它有不确定性的特点，所以难以学会，以至于大多数人几乎没有学习过这种方法。

给我空间、时间及对数，我可以创造一个宇宙。

——伽利略

第四章 时空对数法则
——四种时空的测算模型

十六世纪著名的数学家伽利略·伽利雷曾说过："给我时间、空间和对数，我可以创造一个宇宙。"可见这位大师对时空与对数的推崇。

在本章中，笔者将为大家讲述时间空间对数，这是一种时空角度的预测方法。

首先我们要涉及图形时空，即时间和空间有着什么样的关系。

然后笔者会告诉大家如何通过我们用眼睛看不到的内在逻辑，来发现时间和空间之间的关系，这种方法笔者称之为数据时空。

最后就是预测的方法，即股价会在什么时候涨到什么价位，也就是何时何价。

第一节 图形时空

图形时空概述

技术分析的核心就是图形分析，通过图形对时间空间进行研究，是大多数技术分析学者惯用的方法。当我们进行了大量的研究和实践以后，发现几乎所有投资品种在图形上具有一个共同的特点。这个共同特点究竟是什么呢？如下图所示：

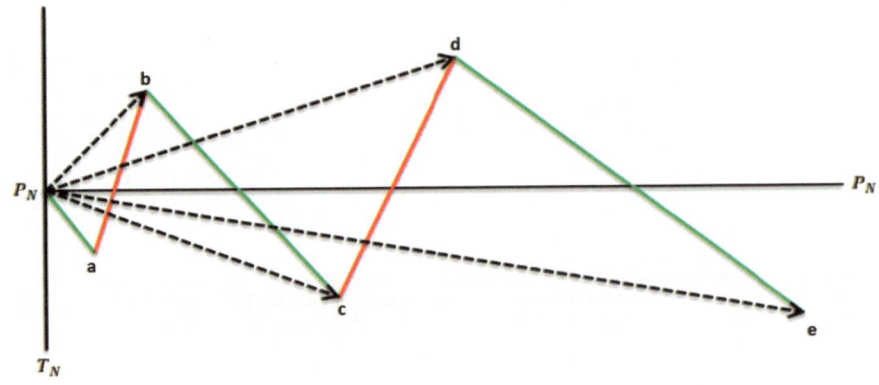

图 4.1.A 股价角度示意图

图 4.1.A 中最左侧的起点是指某日的股价。图中红绿色线段代表着股价涨跌情况，我们用起始点连接一个高点 b，然后再连接另外一个高点 d，我们会发现，第二个连线 P_Nd 的倾斜程度比第一个连线 P_Nb 要缓。这是第一个规律，从价格起始点连接一个时间越长越远的低点和高点，角度都会越缓。一只股票上市的时间越长，它未来的高点角度就会越缓。

当然，事无绝对，在股市中还是会存在一些特殊情况的，如图 4.1.B 所示：

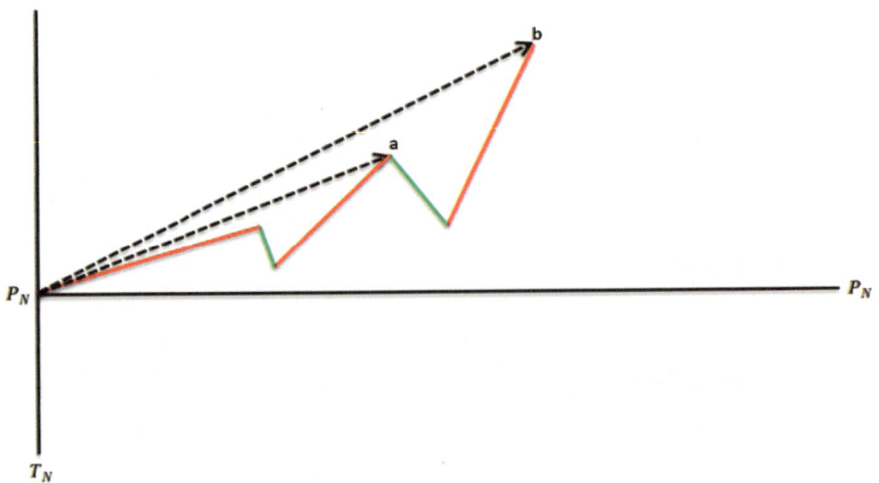

图 4.1.B 特殊情况股价角度示意图

从一个低点连接一个高点 a，角度是缓的；连接另外一个高点 b，角度却变陡了。但是股价后期的走势会是什么样？我们来看图 4.1.C：

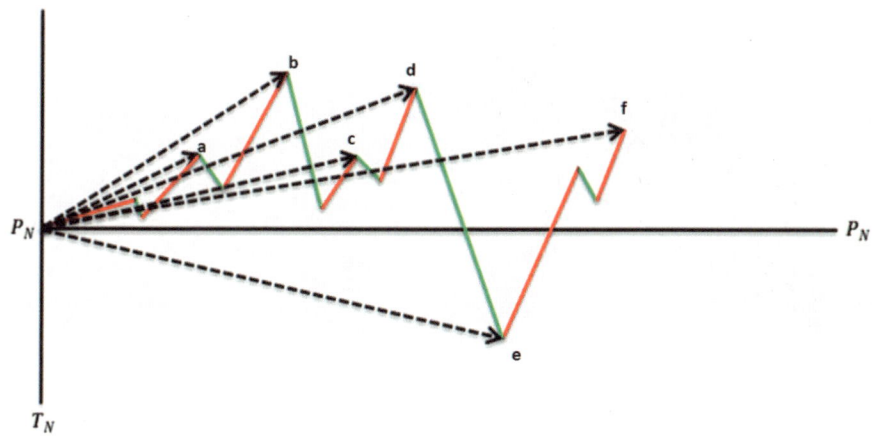

图 4.1.C 特殊情况后期走势示意图

从图中我们可以看到，虽然短期之内会有点 P_N 到下一个高点 b 的连线比点 P_N 与前一个高点 a 的连线角度陡的走势，（c 和 d 也是如此）但是最后还会恢复。越远的高点和低点，角度越缓。

这就是时间和空间在价格图形上给我们最大的启示，你的股票未来的高点比前一个高点角度要缓。

大盘实战案例分析

图 4.1.D 是大盘从 325 点到 6124 点的月 K 线走势图，用 325 点去依次连接每一个高点，如图 4.1.D 所示，我们可以发现越往后的高点角度越缓。

时空对数法则

图 4.1.D 上证指数月线走势图

　　股市中我们要学会透过现象看本质，学习模型理论尤其需要如此，角度越缓代表着空间越小，时间越长。也就是说，一只股票上市的时间越长，上涨的空间会越小，时间会越长。下文中笔者还会再详细讲述这一点。

　　当我们想要去预测一只股票未来高点的时候，未来的高点只会比前一高点的角度要缓，具体会缓多少角度我们可能不清楚，但我们知道未来的高点一定会比前一高点的角度要缓。这将是后期我们对股市进行预测和判断的重要依据。

第二节　数据时空

数据时空规律

　　当几乎所有的技术分析学者，都试图从技术分析的图形中找出时空答案的时候，有一些先知先觉的人，开始对隐藏在图形背后晦涩难懂的数据进行大量的研究，通过一步步的深入，终于揭开了时空的惊天秘密。它就像一个宝矿，一旦你能深入其中，则可以发现无穷的奥秘。

时空的惊天秘密究竟是什么？还是那句话，它就像一个宝矿——笔者在文中所讲述的知识，仅仅只是这个宝矿里的冰山一角，里面还有很多未被发现的财富，如果你——亲爱的读者——足够聪明，就可以在其中挖掘到更多的财富。接下来在笔者揭示出这个秘密之后，一旦你能够领悟，那么不仅仅是炒股对你来说变得很简单，甚至你可以预测出某一只股票会在什么时候达到什么样的价格。

笔者在前文中多次强调，接下来笔者所要讲到的知识，它是一个宝矿，是一个没有任何人开发过的宝矿，里面蕴藏着巨大的财富，需要各位读者亲自去挖掘、熔炼、锻造。这是无数先辈们用智慧探索出的从未被人发现的宝藏，笔者曾从先辈手中接过宝库的钥匙，但是现在，我把钥匙交给你们，所以如果你足够聪明，在阅读和学习这些内容的时候一定要注意很多细节，笔者所提到的每一个数据，你都要思考，如何才能将它挖得更深一些。相信我，你和财富的距离其实仅仅只是一层窗户纸。

尽管在这里笔者讲到的只是这宝矿的冰山一角，但它的神奇之处仍然让人惊叹，学过这些方法以后，你会发现，预测股价在某一天达到某一价格，出现头部或者底部，这都将不再是很难的事情。如下面表格（图4.2.A 所示，笔者在大盘上随机选取了一段数据。

这段数据，笔者选择的是 2014 年 1 月 2 日到 1 月 16 日半个月的大盘数据，差不多两周时间，从表格中我们可以看到，第一列是时间，第二列是正常的收盘价（P），第三列是价格对数（lnP）。我们之所以无法掌握股价每天变化的节奏，原因在于它没有赋予我们一个合理的空间和一个足够大的数，没有这些数据我们就很难发现股价变动的秘密，这种秘密或者规律就像隐藏在空气中的灰尘，不仔细看是看不到的，如果你是在没有阳光的时候仔细看，也看不到，它需要被放大。

时　间	收盘价	价格对数（lnP）
20140102	2109.39	7654
20140103	2083.14	7642
20140106	2045.71	7624
20140107	2047.32	7624
20140108	2044.34	7623
20140109	2027.62	7615
20140110	2013.30	7608
20140113	2009.56	7606
20140114	2026.84	7614
20140115	2023.35	7613
20140116	2023.70	7613

图 4.2.A 价格对数统计表

这些数据就像一个显微镜，将股价变动的秘密放到足够大，让我们能够发现。当然，想要发现股价变动的秘密也不是那么容易，首先要用到价格的对数（lnP）。我们把正常的收盘价用对数的形式展现出来，然后再乘以 1000，这样 2109 变成 7654（扩大 1000 倍后），2083 变成了 7642，得到的就是在实际走势中我们看不到的一种价格。这就是第一步，把正常的股价变成对数形式。

如图 4.2.B 所示，这张表格的时间是从 2014 年 1 月 2 日到 1 月 20 日，收盘价还是正常的收盘价，价格对数也是正常的价格对数。关于价格对数差的概念，相信很多读者都不是很清楚，这里笔者做一下说明，所谓价格对数差就是今天的价格对数减昨天的价格对数所得的数值，再放大 100 倍后所得的结果。若结果为正值就用正数表示，反之，若结果为负值就用负数表示。（在这里笔者推荐大家使用计算器或者 Excel 表格来计算这些数值）。这是第二步，得到价格对数以后，计算它的价格对数差。

单用当日的价格对数减上一个交易日的价格对数，还不能完全反映价格和时间的关系，还需要当日的价格对数减两个交易日之前的价格对数，即图 4.2.C 中的 D2 列，还有当日的价格对数减四个交易日之前、

时间	收盘价	价格对数（lnP）	价格对数差（D1）
20140102	2109.39	7654	-312
20140103	2083.14	7642	-1252
20140106	2045.71	7624	-1813
20140107	2047.32	7624	79
20140108	2044.34	7623	-146
20140109	2027.62	7615	-821
20140110	2013.30	7608	-709
20140113	2009.56	7606	-186
20140114	2026.84	7614	856
20140115	2023.35	7613	-172
20140116	2023.70	7613	17
20140117	2004.95	7603	-931
20140120	1991.25	7597	-686

图 4.2.B 价格对数差统计表

八个交易日之前、十六个交易日之前的价格对数，即图 4.2.C 中的 D4、D8、D16 列。笔者统计过从 2004 年至今十多年的数据，还统计过 1990 年中国股市刚刚诞生时的数据，将每天的高价、开盘价、低价、收盘价都做出来进行计算。

D1	D2	D4	D8	D16
-312	564	1735	1173	-5896
-1252	-1564	-866	-315	-5647
-1813	-3065	-2502	-2281	-7398
79	-1734	-3299	-2842	-7014
-146	-67	-3132	-1397	-5543
-821	-967	-2701	-3567	-5911
-709	-1530	-1597	-4099	-6489
-186	-895	-1862	-5160	-5717
856	670	-860	-3992	-2819
-172	684	-211	-2912	-3227
17	-155	515	-1082	-3363

图 4.2.C 价格时间关系（实际值）

时空对数法则

求出价格对数差 Dn（n 为 2、4、8、16）之后，下一步就是求 ABS（Dn），即对 Dn 取绝对值。前文中的计算结果中有负值，取绝对值后就会将负值变成正值，去掉所有负号，无论是涨还是跌。如图 4.2.D：

时 间	ABS(D1)	ABS(D2)	ABS(D4)	ABS(D8)	ABS(D16)
20140102	312	564	1735	1173	5896
20140103	1252	1564	866	315	5647
20140106	1813	3065	2502	2281	7398
20140107	79	1734	3299	2842	7014
20140108	146	67	3132	1397	5543
20140109	821	967	2701	3567	5911
20140110	709	1530	1597	4099	6489
20140113	186	895	1862	5160	5717
20140114	856	670	860	3992	2819
20140115	172	684	211	2912	3227
20140116	17	155	515	1082	3363

图 4.2.D 价格时间关系（绝对值）

笔者选取了十年间大盘每一天的收盘价数据进行对比计算，计算出来的结果如下图 4.2.E（1）所示。

1184.84	1765.81	2554.85	3751.11	5631.22	8225.22
ABS(D1)	ABS(D2)	ABS(D4)	ABS(D8)	ABS(D16)	ABS(D32)

图 4.2.E（1）计算结果

图 4.2.E（1）是十年大盘价格对数差绝对值 ABS（Dn）的均值，计算这个数据是为了便于揭开股价运行的内在规律，通过大量的数据统计，笔者得到了图 4.2.E（2）中的统计结果。

	1.49	1.45	1.47	1.50	1.46
1184.84	1765.81	2554.85	3751.11	5631.22	8225.22
ABS(D1)	ABS(D2)	ABS(D4)	ABS(D8)	ABS(D16)	ABS(D32)

图 4.2.E（2）统计结果

经过十年的数据统计（其实不管是十年还是二十年，最后结果都几乎是一样的），在表格中我们可以看到，ABS（D1）为1184.84，ABS（D2）为1765.81，ABS（D4）为2554.85……1、2、4、8等等都是倍数关系。通过研究统计每一天的数据，我们得出来的是什么结果？这个结果又给我们什么样的启示？

如果我们将 ABS（D2）与 ABS（D1）相比，即用 1765.81 除以 1184.84，结果是 1.49。同样，用 ABS（D4）除以 ABS（D2），得到 1.45。以此类推，每一个都和前一个数相比，你会发现一个惊天的秘密，得到的商是 1.49、1.45、1.47、1.50……如果各位读者对数字敏感的话，你会发现它的结果会趋同于 $\sqrt{\ }$，$\sqrt{\ }$ 的值约等于 1.414。这也就意味着，如果时间是成倍数增加的，则价格会呈 $\sqrt{\ }$ 倍增长。

聪明的读者看到这里就会领悟到，这个数据还告诉了我们一个秘密，如果我们将 ABS（D4）与 ABS（D1）相比，即用 2554.85 除以 1184.84，结果是 2.16。而将 ABS（D16）与 ABS（D4）相比，结果是 2.20。以此类推，它的值会逐渐趋同于 2，也就是如下图所示：

		2.16		2.20	
	1.49	1.45	1.47	1.50	1.46
1184.84	1765.81	2554.85	3751.11	5631.22	8225.22
ABS(D1)	ABS(D2)	ABS(D4)	ABS(D8)	ABS(D16)	ABS(D32)

图 4.2.E（3）统计结果趋同

因此，在经过大量的数据计算后，我们可以得出结论：时间和价格之间的关系是平方根的关系，即价格是沿着时间的平方根运行的。所以前文中笔者说，上市时间越长的股票，时间越长，空间就越小。这是十年的大盘数据得出的结果，笔者做过一个从 1991 年开始的数据统计，结果更加接近。

规律的应用

前文中笔者讲到的是这些规律的推导过程，下面我们要讲到规律的应用。

价格是沿着时间的平方根运行的。这条规律在股票、指数和所有投资品种中都存在，笔者在 A 股、B 股和外汇上都做了大量的统计。价格沿着时间的平方根在运行，这就是我们的核心。价格是 P，时间是 T，因此我们可以得到价格的计算公式：

$$P = \sqrt{T}$$

其实这本书上的内容本应在四年前公布于世，四年之前笔者曾经试图将它教给一些人进行探讨，但是在当时笔者讲完价格之后，有人告诉笔者说，孙老师，这些我都听不懂，能不能讲得简单一些？于是笔者只好仅仅教给了他们有关价格的内容，而时间和空间，笔者都没有讲。

四年后，笔者在这里将秘密告诉你们：$P = \sqrt{T}$，所有股票和投资品种都符合这种规律。它就像一滴墨水滴进一杯清水里的效果，扩散是匀称的，这种匀称伴随着股价的所有运行。这里价格 P 指的是区间价格，它分为两种，一种是真实区间价格，一种是对数区间价格。对数区间价格这里我们不做过多解释，后期我们再进行研究。时间 T 指的是区间时间。

如图 4.2.F 所示，这张图表上所反映的是我们利用十年大盘数据最后得出的结果。在这张图里，0 以上就是上涨，0 以下就是下跌，它是价格的中枢。横坐标从 1 开始一直到 20，代表价格运动的时间，第一天（横坐标 1）的时候股价（纵坐标）也涨到 1，但是这只股票股价什么时候能涨到 2？图中我们可以看到，是在第 4 天，一只股票今天涨了一块钱，不代表明天还能再涨一块钱，而是在 4 天以后。这是最简单的理解。

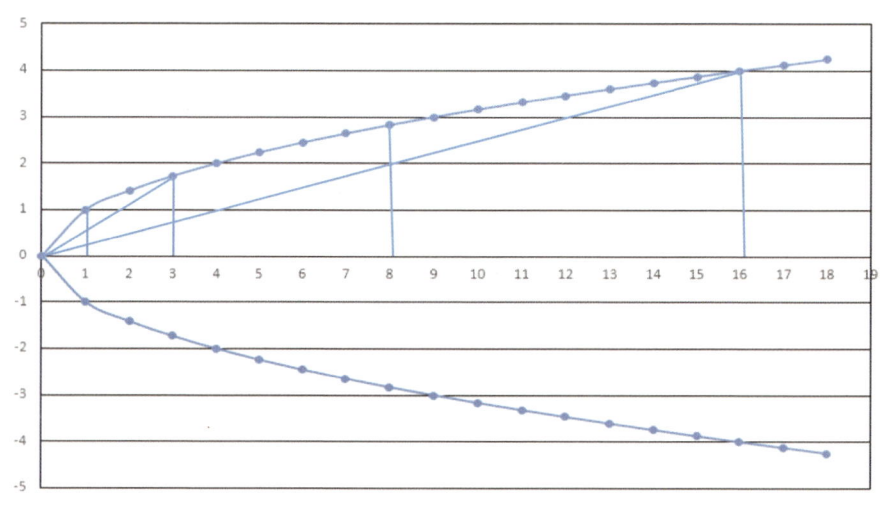

图 4.2.F 十年大盘数据统计图

第 4 天对应的价格是 2，2 是价格，4 是时间。价格，再往后第 9 天对应的价格是 3。在所有的股票、所有的投资品种中，不管是国内的还是国外的股票，时间和空间的规律只有这一个。所以通过这张图你会发现，越往后时间越长，价格越短。这是所有股票和投资品种的共同规律。

规律的随机性验证

前文中笔者一直强调，价格是沿着时间的平方根运行的这条规律是所有股票和投资品种的共同规律，之前我们取的 ABS（D1）、ABS（D2）、ABS（D4）、ABS（D8）是倍数关系，我们随机地选择一些时间，如下图所示：

1185.00	2920.00	4966.00	6606.00	8506.00
ABS(D1)	ABS(D5)	ABS(D13)	ABS(D21)	ABS(D34)

图 4.2.G 随机时间统计结果

如果我们就这样用斐波那契数随机地去选，得出来的结果还和我们之前讲的一样吗？如果一样，则说明这一规律是所有股票共同遵循的规律。

笔者通过十年大盘数据所得出来的结果如下图：

	1.10	1.16	1.22	1.23
1185.00	1306.00	1377.00	1442.00	1459.00
1185.00	2920.00	4966.00	6606.00	8506.00
ABS(D1)	ABS(D5)	ABS(D13)	ABS(D21)	ABS(D34)

图 4.2.H 十年大盘数据统计结果

如图 4.2.H，ABS（D1）还是 1185 不变，ABS（D5）为 2920，ABS（D13）为 4966，ABS（D21）为 6606，ABS（D34）为 8506，首先我们先将它们除以时间的平方根，比如 ABS（D1）除以$\sqrt{1}$，ABS（D5）除以$\sqrt{5}$，ABS（D13）除以$\sqrt{13}$，ABS（D21）除以$\sqrt{21}$，ABS（D34）除以$\sqrt{34}$，这样就分别得到了它们平均每天增长的价格。用 ABS（D5）、ABS（D13）、ABS（D21）、ABS（D34）的平均增长价格除以 ABS（D1），可以看到结果都近似等于 1，如图 4.2.H 的最上面一行，或者为了看得更清楚，笔者将这些数据单独整理出来，如下图所示：

	1.10	1.16	1.22	1.23
ABS(D1)	ABS(D5)	ABS(D13)	ABS(D21)	ABS(D34)

图 4.2.I 十年大盘部分数据

下面我们将这种方法推广到所有斐波那契数，同时将平均每天的增长价格用 oN 值来表示，可得到图 4.2.J：

时间	收盘价	价格对数（lnP）	o1	o2	o3	o5	o8
20140102	2109.39	7654	-312	399	223	64	415
20140103	2083.14	7642	-1252	-1106	-397	216	-111
20140106	2045.71	7624	-1813	-2168	-1950	-1198	-806
20140107	2047.32	7624	79	-1226	-1724	-1084	-1005
20140108	2044.34	7623	-146	-47	-1085	-1540	-494
20140109	2027.62	7615	-821	-684	-513	-1768	-1261
20140110	2013.30	7608	-709	-1082	-967	-1525	-1449
20140113	2009.56	7606	-186	-633	-991	-797	-1824
20140114	2026.84	7614	856	474	-22	-450	-1411
20140115	2023.35	7613	-172	484	287	-462	-1030
20140116	2023.70	7613	17	-110	405	-87	-382

图 4.2.J（1）斐波那契数列统计结果

o1	o2	o3	o5	o8	o13	o21	o34
-312	399	223	64	415	-1117	-1142	72
-1252	-1106	-397	216	-111	-1016	-1699	-428
-1813	-2168	-1950	-1198	-806	-1393	-2049	-1225
79	-1226	-1724	-1084	-1005	-1335	-1935	-1180
-146	-47	-1085	-1540	-494	-1110	-1977	-1310
-821	-684	-513	-1768	-1261	-771	-2149	-1444
-709	-1082	-967	-1525	-1449	-1033	-1977	-1493
-186	-633	-991	-797	-1824	-1127	-2004	-1444
856	474	-22	-450	-1411	-1067	-1750	-1273
-172	484	287	-462	-1030	-674	-1435	-1444
17	-110	405	-87	-382	-1043	-1332	-1583

图 4.2.J（2）斐波那契数列统计结果

这是斐波那契数列 o 值的推导过程及结果，这些数字都是实际值，我们在具体应用的时候可以将这些数据取绝对值。如果将每一天的比值进行对比，就能得出如图 4.2.K（1）所示的柱状图：

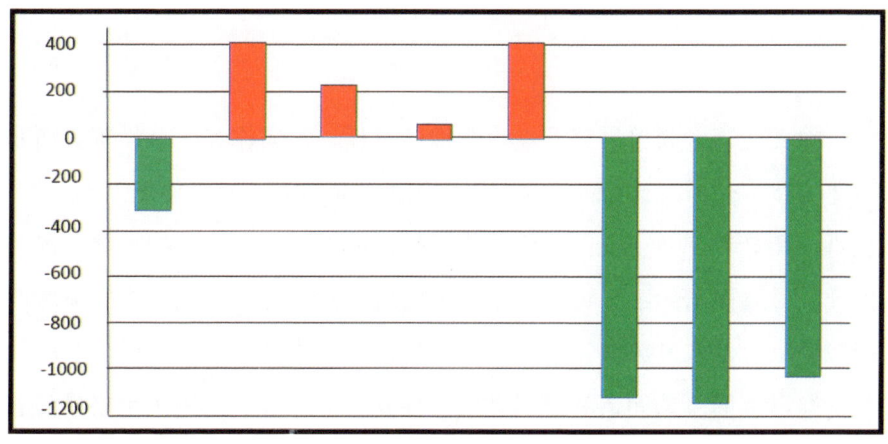

图 4.2.K（1）大盘 2014 年 1 月 2 日的 o 值呈像

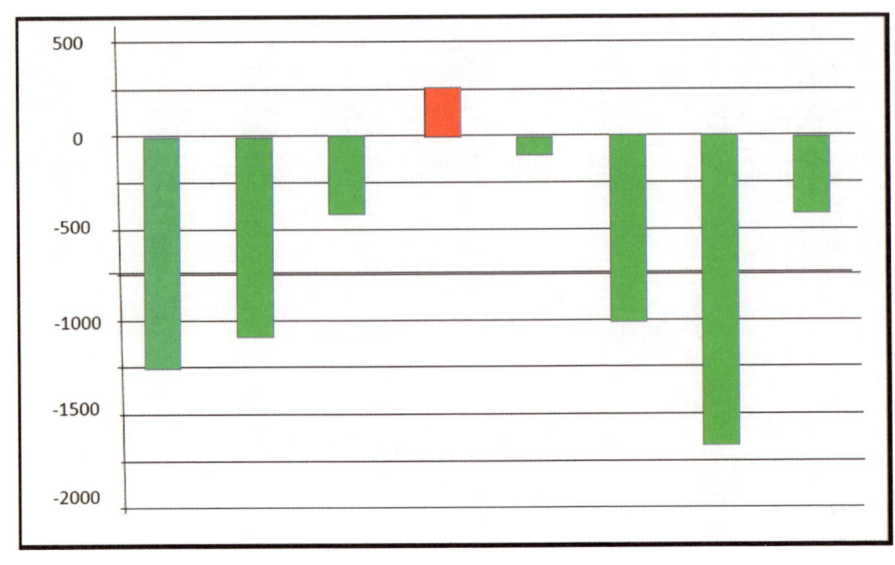

图 4.2.K（2） 大盘 2014 年 1 月 3 日的 o 值呈像

这是2014年1月2日和3日斐波那契数列从1到34天内数值的对比。

从上面笔者列举的数据中，即使我们选取斐波那契数列作为取样标准，仍然能够表现出同样的规律，通过上面的数据，我们就可以验证这一规律的随机性。

第三节　何时何价

前文中笔者简单讲解了规律的推导过程。其实作为一个投资者而非专业的技术分析者，前面的内容仅仅作为了解即可。如果你想深入了解，也可以和笔者一样，取一只股票或者是指数连续十年以上的数据，慢慢推导，最终得出的结果将会和笔者上面所写的一样。包括美国的道琼斯指数，笔者也取过数值，取一百年的数据，最终结果也是这样。

通过上面复杂而富有逻辑性的推导和统计，我们知道了价格是沿着时间的平方根进行的，即：

$$价格 = \sqrt{时间}$$

当然，需要注意的是，这里所讲的时间或者价格是区间时间和区间价格。这一点尤为重要。一定要记住，不是价格本身和时间本身，而是区间价格和区间时间。如果不能明确这点，下面笔者讲到的预测各位读者就无法明白应该如何使用。例如图4.3.A：

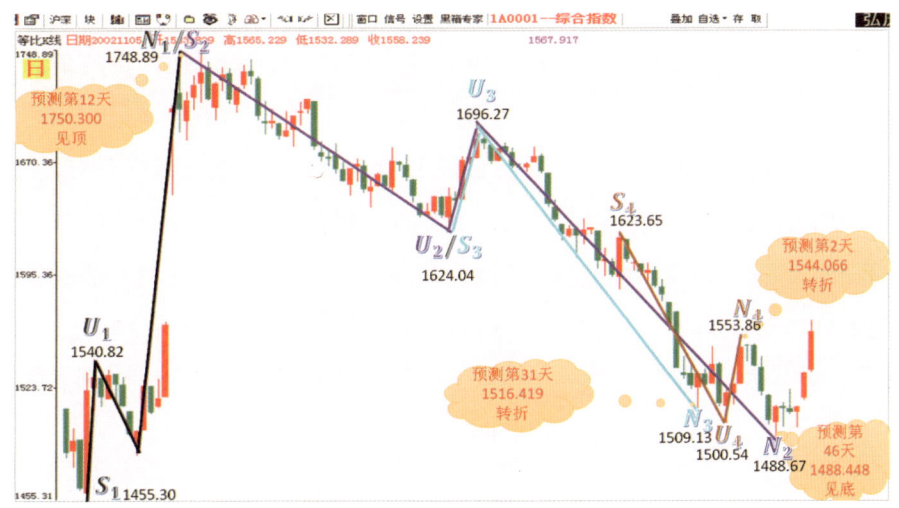

图 4.3.A 上证指数日线走势图

上图是上证指数从2002年6月到2002年10月的日K线走势图，图中我们用黑色，紫色，青色，褐色四种颜色标注出四种走势，在每个走势中都有S、U、N三个点，S点是走势的起点，U点和N点都是趋势的转折点，在上图中标注的四种走势中，如果知道S点和U点的股价以及S点和U点之间相距多少个交易日，我们能不能预测出股价走势将在哪一天，在什么价位出现转折？答案是肯定的。

在图4.3.A中，最左侧我们用黑色实线标识出来的走势中S_1点是2002年6月6日的最低点1455.30，之后股价开始大幅上涨，直到下一个交易日也就是6月7日的高点U_1点1540.82点，之后股价进行了一段时间的调整之后大幅上涨，那么它会在哪一天，什么价位见顶呢？我

时空对数法则

们通过计算，预测它在第 12 天 1750.300 点位见顶，图中我们可以看到股价的实际走势，U_1 点之后第 12 个交易日出现最高点 N_1 为 2002 年 6 月 25 日 1748.89 点，非常接近预测结果（具体计算方法笔者下面会详细讲述），当然时空对数预测法中预测结果点位最好出现在实际高点的上影线或实际低点的下影线上，出现在实体上也可以，像这种不与 K 线接触的情况属于特殊情况（具体原因下文中笔者会详细讲述）。

图中紫色实线标识出来的走势中 S_2 点是 2002 年 6 月 25 日的最高点 1748.89，S_2 点出现之后股价开始大幅下跌，到 U_2 点开始出现大幅度反弹，U_2 点是 2002 年 8 月 16 日最低点 1624.04，股价反弹之后继续下跌。那么我们来预测：它会在哪一天，什么时候见底？通过计算，我们得出预测结果，股价将会在 U_2 点之后 46 天 1488.448 点见底，而股价的实际走势在第 46 个交易日之后在 N_2 点，即 2002 年 10 月 29 日出现低点 1488.67，之后股价开始上涨，而预测结果出现在 10 月 29 日下影线的位置上，这就属于非常标准的形态。

图中青色实线标识出来的走势中 S_3 点是 2002 年 8 月 16 日的最低点 1624.04，S_3 点出现之后股价开始上涨，2002 年 8 月 22 日出现最高点 U_3 1696.27，之后股价开始大幅下跌，我们同样来计算一下趋势的转折点 N_3，通过计算，我们可以预测股价将在 U_3 点出现之后 31 个交易日，在 1516.419 点出现转折，而股价的实际走势是在 31 个交易日之后的 2002 年 10 月 14 日出现低点 1509.13，预测结果出现在 10 月 14 日 K 线下影线的位置上，同样属于非常标准的形态。

最后我们来看图中褐色实线标识的走势，起点 S_4 是 2002 年 9 月 19 日的最高点 1623.65，之后股价开始下跌，直到 2002 年 10 月 18 日出现 U_4 点 1500.54 之后股价开始转折，同样通过计算，我们可以预测股价将在 U_4 点之后两个交易日的 1544.066 点出现转折，而股价的实际走势在 U_4 点之后两个交易日即 2002 年 10 月 22 日出现 N_4 点 1553.86，预测结果出现在 10 月 22 日 K 线实体的位置上，也属于标准形态。

综上所述，根据预测还要多少天到达什么价格，这就是何时何价，是不是很神奇？因为没有涉及到具体的计算方法，所以有很多地方各位读者可能不是很明白，下面笔者将为大家详细讲述这种预测的方法，打开时空对数这一神秘宝藏的大门。

上涨预测上涨

从图 4.3.A 中我们可以看到，利用时空对数这个规律进行价格预测有四种方式，第一种是上涨预测上涨（图 4.3.A 中黑色实线标识走势），第二种是下跌预测下跌（图 4.3.A 中紫色实线标识走势），第三种是上涨预测下跌（图 4.3.A 中青色实线标识走势），第四种是下跌预测上涨（图 4.3.A 中褐色实线标识走势）。它们在应用时各有不同，有的适合预测回调，有的适合预测反弹。但这几种方法本质其实都是相同的，来源公式都是同一个，只不过根据股价的走势计算每一个低点的时候，要加一个注释。首先我们来看第一种预测：上涨预测上涨。

如图 4.3.B 是本节的核心内容：

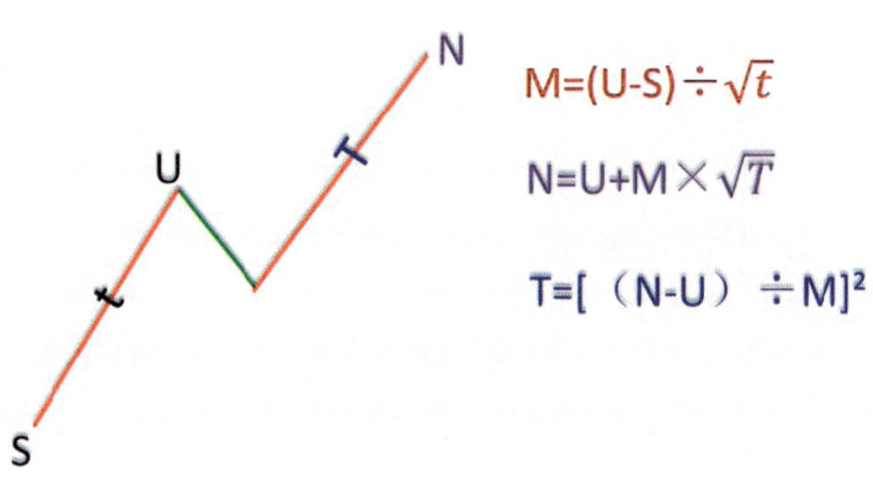

图 4.3.B 上涨预测上涨

在这里，时间分为两部分，一个是 T，一个是 t，t 代表 S 和 U 之间的时间，T 是 U 和 N 之间的时间，需要注意的是，T 包括了前面一段下跌所用的时间，但是不包括 U 点当天。这一点一定要记住，因为只要多算一天，计算出来的结果就会有误差。由于价格是时间的平方根，所以可以得出以下几个等式：

$M = (U - S) \div \sqrt{t}$

$N = U + M \times \sqrt{T}$

$T = [(N - U) \div M]^2$

等式中的 M 代表着每天时间和空间的节奏。时空概念的要素有三点：累积、节奏、共振，这里的 M 就等于每一天时间和空间的节奏。所以预测一只股票最大的难点就是：求出每一天的节奏，用来判断所有节奏里的运行应该涨到什么价位，没有上涨到目标位的还要继续上涨，上涨到了目标位就见顶了；没有下跌到目标位的还要继续下跌，下跌到了目标位就见底了。

那么如何去计算每一只股票每一天的节奏呢？首先我们可以看到公式：

$M = (U - S) \div \sqrt{t}$

U 减去 S 就是最高减去最低的区间价格，再除以 t 的平方根。t 是 S 和 U 之间的时间，也就是最低点和最高点之间的时间。这样就可以得出 M 值。

得到 M 值之后，根据下式得到 N 值：

$N = U + M \times \sqrt{T}$

N 是价格，如果一只股票现价 10 元，那它什么时候涨到 20 元呢？涨到 20 元所需时间就是时间 T，十天之后会达到的价格就是 N。

$T = [(N - U) \div M]^2$

前文中这三个公式均是从 $P = \sqrt{T}$ 开始延伸出来的。这个秘密之所以叫做惊天的秘密，在于很多人做梦都想知道它——笔者确定江恩肯定知道，他是真正知道这个方法的，所以在历史上他才会预测股价 30 号之前会跌到什么价位，他的结论就是根据这些公式求得的。在这些公式中，其实最难的就是 M 值的求取，一旦求出 M 值，接下来的时间和价格就可以轻易的预测了。

如果看到这里还是不太明白，相信下图可以帮助读者进一步理解：

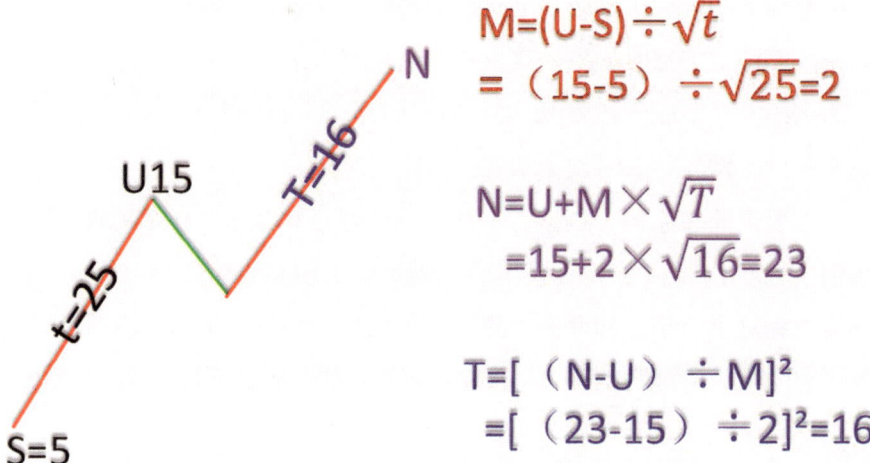

图 4.3.C 上涨预测上涨赋值

在图 4.3.C 中，笔者赋予公式中时间和价格以数值，便于读者理解这三个公式，在图中我们可以看到，从股价低点 S 点的 5 元钱涨到 U 点 15 元钱，这里所讲的 S 是波段的最低价，U 是波段的最高价，时间是二十五个交易日（包括产生最低价和最高价当天）。代入公式，第一步，先求每天的时空节奏，这样才能对后面进行预测。如下所示：

$M = (U-S) \div \sqrt{t} = (15 - 5) \div \sqrt{25} = 2$

说明在整个的上涨过程中，每天的时空节奏是 2，两块钱。得出这个值以后，我们再往下看，假设此例中 t 等于 25，从 U 点的 15 块钱之后开始回调，再开始上涨，请问 16 个交易日（这里的 16 是一个任意数，笔者选择 16 是因为 16 求平方根比较方便）以后会涨到什么价格？

$N = U + M \times \sqrt{T} = 15 + 2 \times \sqrt{16} = 23$

也就是说 16 天之后这只股票应该涨到 23 元。如果你掌握了这个公式，就可以轻松地预测出两天、三天乃至以后的任何一个时间的价格。我们来计算一下上述案例中 25 个交易日之后股价会涨到什么价格。

$$N = U + M \times \sqrt{T} = 15 + 2 \times \sqrt{25} = 25$$

由此我们可以知道 25 个交易日之后股价会涨到 25 元。

在前文中我们讲到时空三要素中的第三大要素就是共振。根据时空共振的原则，上涨时如果最高价和我们预测出来的股价相比，并没有达到怎么办？说明股价还要涨；而如果我们预测出的价格小于今日收盘价，说明股价要跌。什么时候会结束？共振的时候。

这里需要注意的一点是，不是每一个时空节奏都是有意义的。什么叫何时何价？A 点预测还要多少天到达什么价格，但是不一定每一天都能达到这个价格，如果你预测的结果比当天的最高价高，说明之后股价还要上涨，直到正好某一天的时间和价格都达到目标位，说明见顶了。反之即是见底，这种性质就叫做共振。

笔者用下面一段话对上涨预测上涨做一个总结：

U 点出现之后我们可以预测任何一个交易日的价格，但是预测出来的价格和实际的价格是有差别的。如果预测出的价格高而实际价格低，说明股价还要继续上涨；如果预测出的价格低而实际股价高，说明股价要下跌。直到某一天预测的时间和预测的价格同时出现，这就是头部或者是底部的共振。

上涨预测上涨案例解析

以上我们讲解的都是理论部分，读者理解时可能会存在困难。下面笔者通过几个大盘的例子来进行实际说明。

取最低点和波段高点求 M 值

实际上我们不是第一次看到这种走势，在图 4.3.A 中黑色实线标识部分也是这种走势,但是前文中也说到图 4.3.A 中的上涨预测上涨属于特殊情况,不属于典型的案例,因此在此处笔者截取了大盘上另一处典型案例来进行讲解,如图 4.3.D。

在图 4.3.D 中,从 S 处的低点到 U 处的高点。我们用 S 处的低点和 U 处的高点,来预测 N 处的高点,这就是典型的上涨预测上涨,接下来我们来看一组数据,把每天的预测点位都计算出来,最后发现,只有在指数运行中,出现最高点的交易日实际点位到达了预测的点位,预示着到头,其他的交易日都达不到预测点位。之前说到,预测点位高而实际点位低,说明指数还要涨;当在预测的时间出现预测的点位时,就说明转折即将到来。

我们来一步步分析,首先看下图中的走势,股价从最低点 S 点开始上涨,然后到达 U 点回落,之后再次上涨,到达 N 点之后再回落,这是典型的八浪循环中的五浪上涨走势。如图 4.3.D 所示:

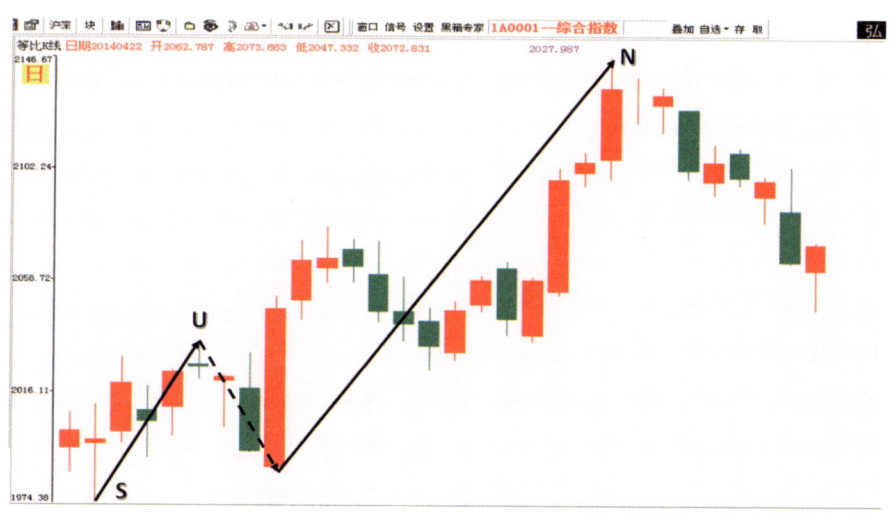

图 4.3.D 上证指数日线走势图

如图 4.3.D 是上证指数 2014 年 3 月 11 日到 4 月 22 日的日 K 线走势图,图中我们可以看到,最低点 S 时间是 2014 年 3 月 12 日,最低点位

时空对数法则

1974.38 点，这个阶段的波段最高点 U 是 2014 年 3 月 18 日，最高点位是 2034.92 点，S 和 U 之间经过了 5 个交易日，即 t = 5，首先我们要计算 M 值。

已知：

S = 1974.38　　U = 2034.92　　t = 5

代入公式求得：

$M = (U - S) \div \sqrt{t} = (2034.92 - 1974.38) \div \sqrt{5}$

$= 60.54 \div 2.2361 = 27.0739$

求得的 M 值代表着不管涨跌，股价每运行一天应该涨 27 点，如果上涨幅度不到 27 点，那就还要涨。得出这个值之后，我们可以预测一天以后、两天以后的点位。这里我们可以预测很多天，但是你会发现，前面 N 天的点位都比预测点位低，说明还要涨。

根据公式 $N = U + M \times \sqrt{T}$

当 T = 1 时，N = 2061.994，对应的 K 线为 2014 年 3 月 19 日最高点 2022.181，小于 N 值。

当 T = 2 时，N = 2073.209，对应的 K 线为 2014 年 3 月 20 日最高点 2030.847，小于 N 值。

当 T = 3 时，N = 2081.814，对应的 K 线为 2014 年 3 月 21 日最高点 2052.472，小于 N 值。

当 T = 4 时，N = 2089.069，对应的 K 线为 2014 年 3 月 24 日最高点 2074.056，小于 N 值。

当 T = 5 时，N = 2095.460，对应的 K 线为 2014 年 3 月 25 日最高点 2079.551，小于 N 值。

当 T = 6 时，N = 2101.238，对应的 K 线为 2014 年 3 月 26 日最高点 2074.572，小于 N 值。

当 T = 7 时，N = 2106.552，对应的 K 线为 2014 年 3 月 27 日最高点 2073.982，小于 N 值。

当 T = 8 时，N = 2111.498，对应的 K 线为 2014 年 3 月 28 日最高

点 2060.134，小于 N 值。

当 T = 9 时，N = 2116.143，对应的 K 线为 2014 年 3 月 31 日最高点 2048.134，小于 N 值。

当 T = 10 时，N = 2120.536，对应的 K 线为 2014 年 4 月 1 日最高点 2050.681，小于 N 值。

当 T = 11 时，N = 2124.715，对应的 K 线为 2014 年 4 月 2 日最高点 2060.778，小于 N 值。

当 T = 12 时，N = 2128.708，对应的 K 线为 2014 年 4 月 3 日最高点 2066.007，小于 N 值。

当 T = 13 时，N = 2132.538，对应的 K 线为 2014 年 4 月 4 日最高点 2060.104，小于 N 值。

当 T = 14 时，N = 2136.223，对应的 K 线为 2014 年 4 月 8 日最高点 2102.452，小于 N 值。

当 T = 15 时，N = 2139.778，对应的 K 线为 2014 年 4 月 9 日最高点 2108.750，小于 N 值。

当 T = 16 时，N = 2143.216，对应的 K 线为 2014 年 4 月 10 日最高点 2146.670，大于 N 值。

通过上面的统计，我们可以看到 2014 年 4 月 10 日（T = 16）这天以前，N 值都大于当日最高价，直到 2014 年 4 月 10 日。接下来我们想知道点位，你可以将未来十天乃至一百天的点位都求出来，我们只需要等待预测时间和预测点位同时出现的那一天，此时则说明出现共振，从而我们可以判断股价出现头部。所以需要先求出时间 T，也就是从 U 点到 N 点的天数（不算 U 点）：

T = 16

代入公式可以求得价格：

$N = U + M \times \sqrt{T} = 2034.92 + 27.0739 \times \sqrt{16} = 2143.2156$

也就是说，大盘在 U 点的 16 个交易日之后应该涨到 2143.21 点，如果 16 个交易日之后股价正好涨到这个点位，说明到头出现共振。在 2014 年 4 月 10 日（U 点的 16 个交易日之后）这天的点位最高点为 2146.67，达到了预测点位且几乎就在最高点，说明股价再次见顶。

在实际计算时，大可不必每一天都计算，投资者可以随便选择一个交易日，只要你认为这个交易日是走势中最有可能达到我们预测点位的那一天。也许有人认为是第 5 天，也许有人认为是第 14 天，我们可以计算一下第 5 天的预测点位：

$$N = U + M \times \sqrt{T} = 2034.92 + 27.0739 \times \sqrt{5} = 2095.4399$$

如果第 5 天到了 2095.44 点，说明就到头了，如果那一天的点位比我们预测的点位低，说明还要涨；比我们预测的点位高，说明要跌。但是实际上第 5 个交易日的最高点位是 2079.55，并没有达到我们预测的点位（前文中一直提到的图 4.3.A 中的上涨预测上涨就是这种情况）。实际上，除了第 16 天，前面任何一天的点位都是达不到预测点位的。

前文中笔者所讲述的内容仅仅是全部宝藏的百分之一，其他的在这里不具体讲，因为我们还有很多问题没有解决，不只是笔者没有解决，整个技术分析界至今无人提出解决的方法。比如我们应该选多长的时间段，节奏 M 才是最佳的？这个我们并没有说，它叫做回溯长度。如何才能得出最佳回溯长度？把一只上市超过两年以上的股票，所有的开盘价、最低价、收盘价和最高价做一个统计，用哪一个周期求出的最佳，就选择哪一个。它需要经过大量的对比才能求出来，这是一个复杂的过程，这里就不做赘述。

现在我们只要知道从第一个低点到第一个高点的走势，就可以算出来后面的每一个低点和高点。如果读到这里，你还不明白，那就只能在实践中慢慢学习了解。

取最低点和突破点求 M 值

上一个案例中我们取的值是最高点到最低点，现在我们来换一种思路。还是以大盘为例，如图 4.3.E：

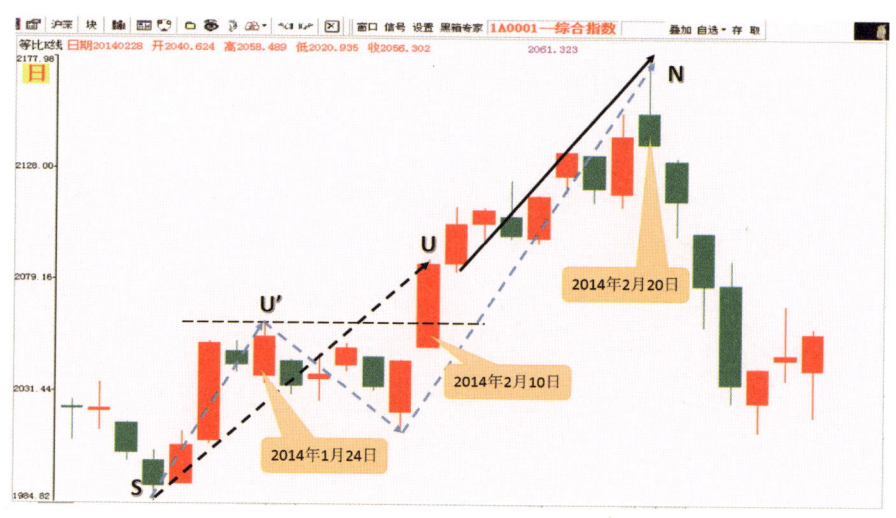

图 4.3.E 上证指数日线走势图

图 4.3.E 是上证指数 2014 年 1 月 15 日到 2 月 28 日的日 K 线走势图，已知 S 点是 2014 年 1 月 20 日，最低点 1984.82，求 N 点，正常情况下应该是 U'的位置为 U 点（图中蓝色虚线标识为正常情况下选取 U'点的情况），但是我们换一种思路，选择另一个点，用突破前期高点那一天的 K 线为 U 点。

S 点的选择时间是 2014 年 1 月 20 日，最低点位是 1984.82；U 点选择的是这根大阳线突破的位置，时间是 2014 年 2 月 10 日，最高点位是 2087.98，S 和 U 之间经过了 11 个交易日，即 t = 11。

已知：

S = 1984.82　　U = 2087.98　　t = 11

代入公式

M =（U−S）÷ $\sqrt{t}$ =（2087.98−1984.82）÷ $\sqrt{11}$

　=103.16 ÷ 3.3166 = 31.1041

M 的值计算出来之后，我们先计算价格再计算时间。

根据公式 N = U + M × $\sqrt{T}$

当 T = 1 时，N = 2119.084，对应的 K 线为 2014 年 2 月 11 日最高

点 2111.06，小于 N 值。

当 T = 2 时，N = 2131.968，对应的 K 线为 2014 年 2 月 12 日最高点 2110.90，小于 N 值。

当 T = 3 时，N = 2141.854，对应的 K 线为 2014 年 2 月 13 日最高点 2122.83，小于 N 值。

当 T = 4 时，N = 2150.188，对应的 K 线为 2014 年 2 月 14 日最高点 2116.19，小于 N 值。

当 T = 5 时，N = 2157.530，对应的 K 线为 2014 年 2 月 17 日最高点 2136.45，小于 N 值。

当 T = 6 时，N = 2164.169，对应的 K 线为 2014 年 2 月 18 日最高点 2134.14，小于 N 值。

当 T = 7 时，N = 2170.273，对应的 K 线为 2014 年 2 月 19 日最高点 2152.96，小于 N 值。

当 T = 8 时，N = 2175.955，对应的 K 线为 2014 年 2 月 20 日最高点 2177.98，大于 N 值。

因此我们得出，八天之后应该涨到 2175.95，如果这一天出现这个点位，说明共振；小于这个点位，还要涨。我们可以看到，八天之后，即 2014 年 2 月 20 日的最高点为 2177.978，达到我们所预测的点位，并且离上影线的最高点只差 2 个点位。在实际应用时，完全可以不必把所有的数值都计算出来，只要计算最有可能的预测点位即可，除了第八天之外，其实最有可能达到预测点位的是 U 点后的第七天，如果这一天都没有达到，那么其他的任何一天都没有可能达到。我们来看第七天：

$$N = U + M \times \sqrt{T} = 2087.98 + 31.1041 \times \sqrt{7} = 2170.27$$

也就是如果第七天一天就涨到了 2170.27，说明这一天出现头部。根据我们前文中的计算结果我们看这一天的点位最高 2152.961，比 2170.27 要低，说明还要涨。

这种方法在个股中同样适用。如图 4.3.F 所示：

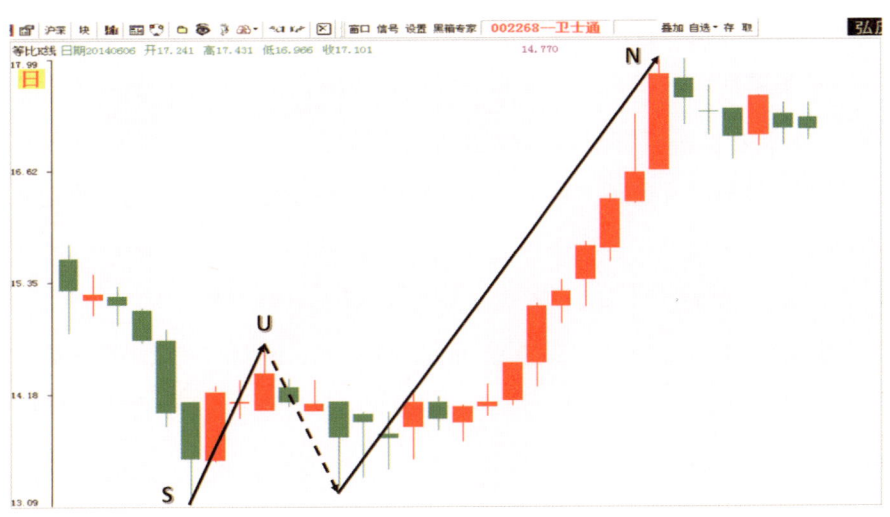

图 4.3.F 卫士通日线走势图

如图 4.3.F 是 002268—卫士通从 2014 年 4 月到 6 月的日 K 线走势图，S 点是 2014 年 4 月 29 日，最低价为 26.192 元，U 点是 2014 年 5 月 6 日，最高价为 29.361 元，则可求得 M 的值。

已知：

S = 26.192   U = 29.361   t = 4

M =（U−S）÷ $\sqrt{t}$ =（29.361−26.192）÷ $\sqrt{4}$ = 3.169 ÷ 2 = 1.5845

M 的值计算出来之后，我们先计算价格再计算时间，简单估计一下，U 点之后第 16 个交易日也就是 T=16 时最有可能出现共振，我们以此交易日作为 N 点。

T = 16

N = U + M × $\sqrt{T}$ = 29.361 + 1.5845 × $\sqrt{16}$ = 35.699

确定 U 点之后第 16 天就是 N 点，图中我们可以看到卫士通这只股票的 N 点，即 2014 年 5 月 28 日这根阳线的上影线只有很短的一点，但是依然只有这一根 K 线达到预测价格，我们简单计算一下 N 点的预测价格，其余 K 线的计算笔者就不再累述。N 点的实际最高价格为 35.959 元，高于预测价格，且预测价格在其上影线的位置上。因此我们可以说这里出现了共振，这一天就是头部。

如果不放心的话可以计算一下其他点位的情况，在上面的例子中除了第 16 天之外，其实最有可能达到预测点位的是 U 点后的第 15 天，如果这一天都没有达到，那么其他的任何一天都没有可能达到。我们来看第 15 天：

$$N = U + M \times \sqrt{T} = 29.361 + 1.5845 \times \sqrt{15} = 35.498$$

也就是如果第 15 天一天就涨到了 35.498 元，说明这一天出现头部。第 15 天是 2014 年 5 月 27 日，最高价 34.60 元，小于 35.498 元，说明还要涨。

下跌预测下跌

前文中我们讲了上涨的预测，这里讲的是下跌预测。笔者来解释一下上涨和下跌的区别，首先看下图：

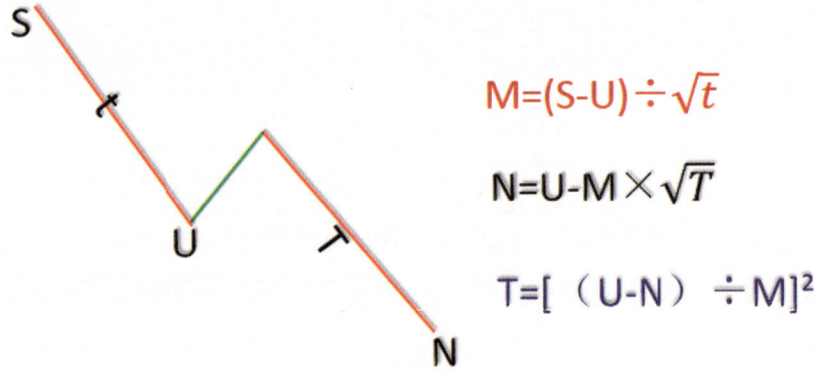

图 4.3.G 下跌预测下跌

单纯从走势上看，上涨预测上涨和下跌预测下跌的形态很相似，时间同样分为两个部分，T 和 t，t 代表 S 和 U 之间的时间，T 是 U 和 N 之间的时间，同样 T 不包括 U 点当天。由于价格是时间的平方根，所以可以得出以下几个等式：

$$M = (S - U) \div \sqrt{t}$$
$$N = U - M \times \sqrt{T}$$
$$T = [(U - N) \div M]^2$$

下面笔者来详细解释一下这几个公式，与上涨预测上涨相同的是，M代表着每天时间和空间的节奏。下面我们看在下跌预测下跌的走势中，如何去计算每只股票每一天的节奏。首先我们可以看到公式：

$$M = (S - U) \div \sqrt{t}$$

S减去U就是最高减去最低的区间价格，再除以t的平方根。t是S和U之间的时间，也就是最低点和最高点之间的时间。前面我们说过，价格按照时间的平方根来运行，那么根据上面的公式，就可以得出M值。

得到M值之后，我们再看如何用M的值计算N的值：

$$N = U - M \times \sqrt{T}$$

N是价格，股价从U跌到N所需要的时间就是T：

$$T = [(U - N) \div M]^2$$

与上涨预测上涨模型相比，求解N值和T的公式都有变化，但是t的计数方式没有变化。

下跌预测下跌案例解析

我们同样来看大盘上的案例：

如图4.3.H是上证指数2013年10月8日到2013年11月8日的日K线走势图，图中我们可以看到，最高点S的时间是2013年10月14日，最高点位2242.984，这个阶段的波段最低点U是2013年10月17日，最低点位是2183.246，S和U之间经过了四个交易日，即t=4，股价从S处的高点开始下跌到U处的低点。我们用S处的高点和U处的低点，来预测N处的低点，这就是典型的下跌预测下跌。

图 4.3.H 上证指数日线走势图

已知：

S = 2242.984　　　U = 2183.246　　　t = 4

代入公式求得

M =（S − U）÷ $\sqrt{t}$ =（2242.984−2183.246）÷ $\sqrt{4}$ = 29.869

知道 M 的值之后就可以求解 N 和 T 的值，笔者同样在这里把每天的预测点位都计算出来，根据公式 N = U − M × $\sqrt{T}$

当 T = 1 时，N = 2153.377，对应的 K 线为 2013 年 10 月 18 日最低点 2184.360，大于 N 值。

当 T = 2 时，N = 2141.005，对应的 K 线为 2013 年 10 月 21 日最低点 2190.394，大于 N 值。

当 T = 3 时，N = 2131.511，对应的 K 线为 2013 年 10 月 22 日最低点 2204.244，大于 N 值。

当 T = 4 时，N = 2123.508，对应的 K 线为 2013 年 10 月 23 日最低点 2177.725，大于 N 值。

当 T = 5 时，N = 2116.457，对应的 K 线为 2013 年 10 月 24 日最低点 2159.871，大于 N 值。

当 T = 6 时，N = 2110.082，对应的 K 线为 2013 年 10 月 25 日最低点 2122.678，大于 N 值。

当 T = 7 时，N = 2104.220，对应的 K 线为 2013 年 10 月 28 日最低点 2123.069，大于 N 值。

当 T = 8 时，N = 2098.764，对应的 K 线为 2013 年 10 月 29 日最低点 2093.197，小于 N 值。

最后发现，只有在 T = 8 时，也就是最低点那天指数到达了预测的点位，预示着到底，其他的每天都达不到预测点位。与上涨预测上涨相对应的，预测点位低而实际点位高，说明指数还要跌；当在预测的时间出现预测的点位时，就说明转折即将到来。

与上涨预测上涨相同的是，下跌预测下跌的方法在个股中同样适用。如图 4.3.I 所示：

图 4.3.I 顺网科技日线走势图

图 4.3.I 是 300113—顺网科技从 2015 年 3 月 9 日到 2015 年 10 月 29 日的日 K 线走势图，S 点是 2015 年 4 月 22 日，最高价为 63.47 元，U 点是 2015 年 4 月 28 日，最低价为 51.86 元，从 S 到 U 运行了五天，即 t = 5，股价从 S 处的高点开始下跌到 U 处的低点。我们用 S 处的高

点和 U 处的低点，来预测 N 处的低点，首先求出 M 的值。

已知：

S = 63.47　　　U = 51.86　　　t = 5

代入公式求得

$M = (S - U) \div \sqrt{t} = (63.47 - 51.86) \div \sqrt{5} = 5.192$

知道 M 的值之后就可以求解 N 和 T 的值，根据公式 $N = U - M \times \sqrt{T}$，同样从 T = 1 开始计算预测价格，具体的计算笔者就不在此一一罗列，最终股价在 2015 年 8 月 25 日（T = 17）最低价 29.600 元小于预测点位 N = 30.452，股价会在这里反弹。

当然如果诸位读者不放心的话，可以算一下，除了第 17 天之外，其实最有可能达到预测点位的是 U 点后的第 16 天，如果这一天都没有达到，那么其他的任何一天都没有可能达到。我们来看第 10 天：

$N = U - M \times \sqrt{T} = 51.86 - 5.192 \times \sqrt{16} = 31.091$

也就是如果第 16 天一天就跌到了 31.091 元，说明这一天出现头部。而实际上 T = 16 这一天是 2015 年 8 月 24 日的最低价 32.890 元，比 31.091 元要高，说明还要跌。

图中我们可以看到，我们用这种方法，完全可以把握到行情的低点，N 点出现之后股价开始了触底反弹，截至笔者写下这篇内容时，该股涨幅已达 68.82%。

前文中笔者多次提到在图 4.3.A 中存在两个特殊情况，在讲解上涨预测上涨和下跌预测下跌的时候也没有选择图 4.3.A 中的案例，下面笔者就为大家详细讲解一下图 4.3.A 中的特殊情况，我们将图 4.3.A 中的下跌预测下跌的情况放大来看，如图 4.3.J：

图 4.3.J 上证指数日线走势图

图 4.3.J 是上证指数从 2002 年 5 月到 2002 年 11 月的日 K 线走势图，S 点是 2002 年 6 月 25 日，最高点位为 1748.89，U 点是 2002 年 8 月 16 日，最低点位为 1624.04，从 S 到 U 运行了 39 天，即 t = 39，股价从 S 处的高点开始下跌到 U 处的低点。我们用 S 处的高点和 U 处的低点，来预测 N 处的低点，首先求出 M 的值。

已知：

S = 1748.89　　U = 1624.04　　t = 39

代入公式求得

M =（S − U）÷ $\sqrt{t}$ =（1748.89−1624.04）÷ $\sqrt{39}$ = 19.992

知道 M 值后就可以求解 N 和 T 的值，根据公式 N = U − M × $\sqrt{T}$，同样从 T = 1 开始计算预测价格，最终股价在 2002 年 10 月 29 日（T = 46）最低点 1488.67 点见底回升，仅相差 0.22 个点位与预测点位 N = 1488.448 擦肩而过，在这种误差不大的情况下，尤其是像这样相差不到 1 个点的情况下，实际上就可以初步判断股价转折，但是一旦出现这种情况，那么股价后期还会下跌。果然，股价在经过一轮涨跌之后于

2002 年 11 月 12 日跌破前期低点 1488.67 创出新低 1481.16 点。

实际上不只是大盘，个股中也会出现这样的情况，如图 4.3.K：

图 4.3.K 桂林三金日线走势图

上图是 002275—桂林三金从 2015 年 5 月到 9 月的日 K 线走势图，S 点是 2015 年 6 月 2 日，最高价为 37.490 元，U 点是 2015 年 6 月 23 日，最低价为 26.480 元，从 S 到 U 运行了 13 天，即 t = 13，股价从 S 处的高点开始下跌到 U 处的低点。我们用 S 处的高点和 U 处的低点，来预测 N 处的低点，首先求出 M 的值。

已知：

S = 37.490   U = 26.480   t = 13

代入公式求得

$M = (S - U) \div \sqrt{t} = (37.490 - 26.480) \div \sqrt{13} = 3.06$

知道 M 值后就可以求解 N 和 T 的值，根据公式 $N = U - M \times \sqrt{T}$，同样从 T = 1 开始计算预测价格，最终股价在 2015 年 7 月 8 日（T = 11）最低价 16.220 元见底回升，没有达到预测点位 N = 16.331 元，那么股价后期还会下跌。果然，股价在经过一轮涨跌之后于 2015 年 9 月 15 日创出新低 15.800 元。

与之相对应的，上涨预测上涨中也是如此。

下跌预测上涨

下图是下跌预测上涨的公式及示意图，与下跌预测下跌公式相比，求解 M、N、T 三个点的公式都有了变化，在实际使用时一定要注意公式的差异，避免混淆。

上图中可以看到，从走势上看，下跌预测上涨的走势就与之前两个

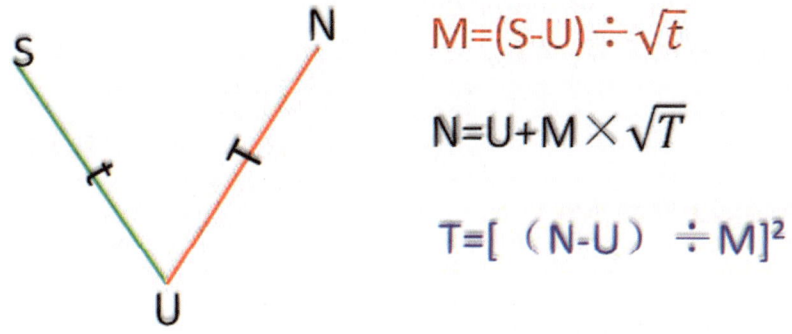

图 4.3.L 下跌预测上涨

走势有很大差别，而且之前的预测都是顺应趋势的预测，由之前的上涨来预测后期的上涨，或者根据之前的下跌来预测后期的下跌，而这次是由下跌预测上涨，而下跌预测上涨这种情况与之前的两种走势相比具体都有哪些差异呢？时间同样分为两个部分，T 和 t，t 代表 S 和 U 之间的时间，T 是 U 和 N 之间的时间，同样 T 不包括 U 点当天。由于价格是时间的平方根，所以可以得出以下几个等式：

$M = (S - U) \div \sqrt{t}$

$N = U + M \times \sqrt{T}$

$T = [(N - U) \div M]^2$

公式中 M 代表着每天时间和空间的节奏。我们用前文中公式求解 M：

$$M = (S - U) \div \sqrt{t}$$

S减去U就是最高减去最低的区间价格，再除以t的平方根。t是S和U之间的时间，也就是最低点和最高点之间的时间。前面我们说过，价格按照时间的平方根来运行，那么根据上面的公式，就可以得出M值。

得到M值之后，我们再看如何用M的值计算N的值：

$$N = U + M \times \sqrt{T}$$

N是价格，股价从U跌到N所需要的时间就是T：

$$T = [(N-U) \div M]^2$$

与之前两个模型相比，求解N值、M值和T的公式都有变化，必须要留意公式中是U＋M还是U－M；是N－U还是U－N等细节性的问题，在公式上，失之毫厘，谬以千里，切记切记。

下跌预测上涨案例解析

虽然走势不同，公式不同，但实际上四种走势都是由同一个理论基础，即"价格是沿着时间的平方根进行的"而推演出来的，所以在实际应用中，我们会发现它们会有很多相似的地方。案例解析如下：

图 4.3.M 上证指数日线走势图

图 4.3.M 是图 4.3.A 中截取的下跌预测上涨部分的放大图，图中是上证指数从 2002 年 9 月 13 日到 2002 年 10 月 29 日的日 K 线走势图，S 点是 2002 年 9 月 19 日，最高点为 1623.65，U 点是 2002 年 10 月 18 日，最低点为 1500.54，从 S 到 U 运行了 16 天，即 t = 16，指数从 S 处的高点开始下跌到 U 处的低点。我们用 S 处的高点和 U 处的低点，来预测 N 处的高点，首先求出 M 的值。

已知：

S = 1623.65　　U = 1500.54　　t = 16

代入公式求得

$M = (S - U) \div \sqrt{t} = (1623.65 - 1500.54) \div \sqrt{16} = 46.130$ 知道 M 的值之后就可以求解 N 和 T 的值，根据公式 $N = U + M \times \sqrt{T}$，同样从 T = 1 开始计算预测点位：

当 T = 1 时，N = 1531.318，对应的 K 线为 2002 年 10 月 21 日最高点 1525.25，小于 N 值。

当 T = 2 时，N = 1544.066，对应的 K 线为 2002 年 10 月 22 日最高点 1553.86，大于 N 值。

最终指数在 2002 年 10 月 22 日（T = 2）最高点 1553.86 点大于预测点位 N = 1544.066，那么这里将会出现反弹。

我们来看下跌预测上涨在个股中的应用。

如图 4.3.N 是 002673—西部证券从 2015 年 5 月到 6 月的日 K 线走势图，S 点的选择时间是 2015 年 5 月 27 日，最高价是 75.58 元；U 点选择的时间是 2015 年 5 月 29 日，最低价是 61.67 元，S 和 U 之间经过了 3 个交易日，即 t = 3。股价从 S 处的高点开始下跌到 U 处的低点。我们用 S 处的高点和 U 处的低点，来预测 N 处的高点，首先求出 M 的值。

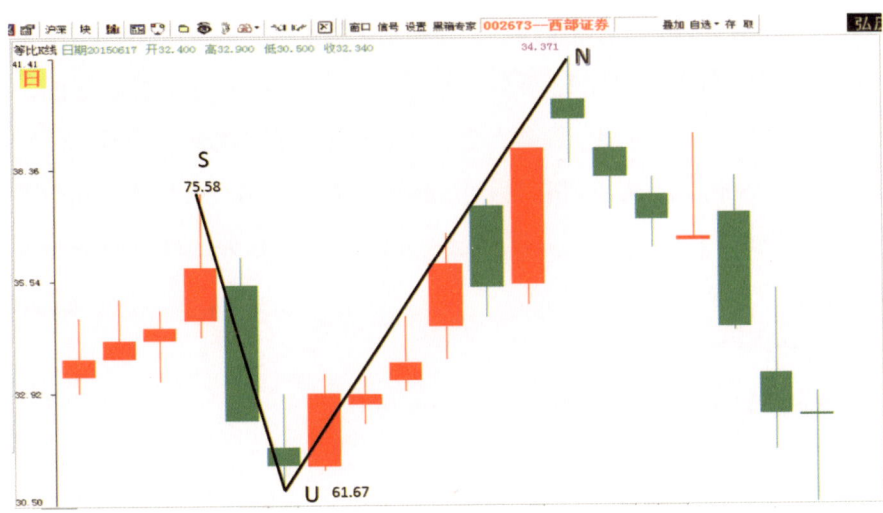

图 4.3.N 西部证券日线走势图

已知：

S = 75.58　　U = 61.67　　t = 3

根据公式

$M = (S - U) \div \sqrt{t}$

求得 M = 8.031

M 的值计算出来之后，我们分别计算价格和时间。

将 M 代入公式：

$N = U + M \times \sqrt{T}$

$T = [(N - U) \div M]^2$

从 T = 1 开始计算预测价格，为节约篇幅，此处同样省略计算步骤，我们直接来看结果。

当 T = 7 时，N = 82.918，对应的 K 线为 2015 年 6 月 9 日最高价 82.97 元，大于 N 值。

因此我们得出，8 天之后应该涨到 82.918 元，7 个交易日之后，也就是 2015 年 6 月 9 日股价的最高价为 82.97 元，与预测高点几乎一点不差，达到我们所预测的点位，股价在这个位置发生共振，则之后股价走势转折。

感兴趣的读者可以计算一下其他点位的情况,在上面的例子中除了第 7 天之外,其实最有可能达到预测点位的是 U 点后的第 6 天,如果这一天都没有达到,那么其他的任何一天都没有可能达到。我们来看第 6 天:

$N = U + M \times \sqrt{T} = 61.67 + 8.031 \times \sqrt{6} = 81.342$

也就是如果第 6 天一天涨到了 81.342 元,说明这一天出现头部。第六天是 2015 年 6 月 8 日最高价 77.92 元,小于 81.342 元,说明还要涨。

上涨预测下跌

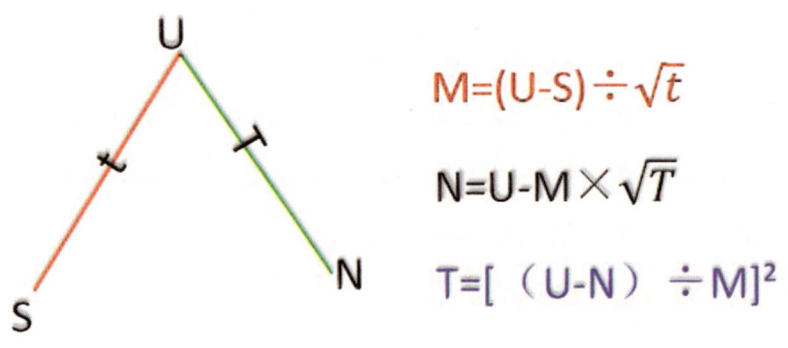

图 4.3.O 上涨预测下跌

时间同样分为两个部分,T 和 t,t 代表 S 和 U 之间的时间,T 是 U 和 N 之间的时间,同样 T 不包括 U 点当天。由于价格是时间的平方根,所以可以得出以下几个等式:

$M = (U - S) \div \sqrt{t}$

$N = U - M \times \sqrt{T}$

$T = [(U - N) \div M]^2$

公式中 M 代表着每天时间和空间的节奏。求解 M 的公式如下:

$M = (U - S) \div \sqrt{t}$

U 减去 S 就是最高减去最低的区间价格，再除以 t 的平方根。t 是 S 和 U 之间的时间，也就是最低点和最高点之间的时间。前面我们说过，价格按照时间的平方根来运行，那么根据上面的公式，就可以得出 M 值。

得到 M 值之后，我们再看如何用 M 的值计算 N 的值

$$N = U - M \times \sqrt{T}$$

N 是价格，股价从 U 跌到 N 所需要的时间就是 T。

$$T = [(U - N) \div M]^2$$

同样留意公式的变化，不要与下跌预测上涨的公式混淆。

上涨预测下跌案例解析

我们首先来看一下上涨预测下跌在大盘上的应用，我们将图 4.3.A 中上涨预测下跌的情况放大来看，如图 4.3.P：

图 4.3.P 是图 4.3.A 中截取的上涨预测下跌部分的放大图，图中是

图 4.3.P 上证指数日线走势图

上证指数从 2002 年 7 月 12 日到 2002 年 11 月 6 日的日 K 线走势图，S_3 点是 2002 年 8 月 16 日，最低点为 1624.04，U_3 点是 2002 年 8 月 22 日，

最高点为 1696.27，从 S_3 到 U_3 运行了 5 天，即 t=5，股价从 S_3 处的低点开始上到 U_3 处的高点。我们用 S_3 处低点和 U_3 处的高点，来预测 N_3 处的低点，首先求出 M 的值。

已知：

S = 1624.04　　U = 1696.27　　t = 5

代入公式求得

$M = (U - S) \div \sqrt{t} = (1696.27 - 1624.04) \div \sqrt{5} = 32.302$

M 的值计算出来之后，我们先计算点位再计算时间，简单估计一下 U 点之后第 31 个交易日也就是 T = 31 时最有可能出现共振，我们以此交易日作为 N 点。

当 T = 31 时，N = 1516.419，对应的 K 线为 2002 年 10 月 14 日最低点 1509.13，小于 N 值。

最终指数在 2002 年 10 月 14 日（T=31）最低点 1509.13 点小于预测点位 N = 1516.419，在全部 31 根 K 线中只有这一根 K 线达到预测点位，因此我们可以说这里出现了共振，这一天就是底部，图中可以看到 10 月 14 日之后股价进行了一次拉升。

下面我们来看一下上涨预测下跌在个股中的应用，如图 4.3.Q：

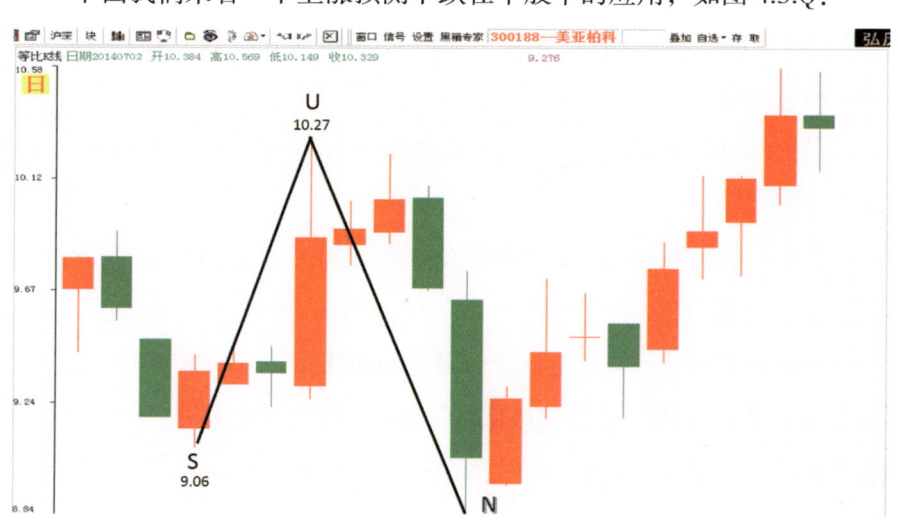

图 4.3.Q 美亚柏科日线走势图

时空对数法则

如图 4.3.Q 是 300188—美亚柏科从 2014 年 6 月 5 日到 2014 年 7 月 2 日的日 K 线走势图，S 点是 2014 年 6 月 10 日，最低价是 9.06 元；U 点选择的时间是 2014 年 6 月 13 日，最高价是 10.27 元，S 和 U 之间经过了四个交易日，即 t=4。股价从 S 处上涨到 U 处。我们用 S 处的低价和 U 处的高价，来预测 N 处的低价，首先求出 M 的值。

已知：

S = 9.06   U = 10.27   t = 4

根据公式

$$M = (U - S) \div \sqrt{t}$$

求得 M = 0.605

M 的值计算出来之后，我们先计算价格再计算时间。

将 M 代入公式

$$N = U + M \times \sqrt{T}$$

$$T = [(N - U) \div M]^2$$

从 T = 1 开始计算预测价格：

当 T = 1 时，N = 9.665，对应的 K 线为 2014 年 6 月 16 日最低价 9.769 元，大于 N 值。

当 T = 2 时，N = 9.414，对应的 K 线为 2014 年 6 月 17 日最低价 9.854 元，大于 N 值。

当 T = 3 时，N = 9.222，对应的 K 线为 2014 年 6 月 18 日最低价 9.669 元，大于 N 值。

当 T = 4 时，N = 9.060，对应的 K 线为 2014 年 6 月 19 日最低价 8.836 元，小于 N 值。

因此我们得出，4 天之后应该跌到 9.060 元，4 个交易日之后，也就是 2014 年 6 月 19 日股价的最低价为 8.836 元，达到我们所预测的价位，股价在这个位置发生共振，则之后股价走势转折。可以看到之后股价出现了大幅度的上涨。

小　结

还是我说的那句话，这是一个宝矿，能挖出什么来就看你的本事，各位读者在阅读的时候需要仔细研究，发现问题。只有能够发现问题，你才能够知道问题的根源是什么。你可以先拿自己的股票进行计算，测算一下每一波的走势是否与预测结果符合。推导的过程也许很难，但是代入公式去计算应该不难，每一波都很好辨认，算完三五次之后你就会发现其中的规律。还记得图4.2.F吗？一定要记住它，这张图太重要了，你未来预测的价格是什么？它是一个抛物线。为什么股票会到头？当某一天的股价正好打到抛物线上，说明股价就到头了，出现共振；如果没有达到或者超过，那就是上涨或者下跌的关系。

这种方式也同样适用于任何周期，日线、周线甚至月线，都可以使用。但是还有两个需要注意的点：第一是回溯长度，第二是角度。角度是什么？在我们选择高低点的时候，45度角是最佳的。不论你选择从低点到高点还是从高点到低点的时间，随便你选哪一天都没关系，但是要保证你选择的角度在45度角附近，可以45度以下，不要45度以上。时间上选择大寒时期（即一路下跌的时期），根据笔者测试的结果，最标准的应在42天，44天时有两次失误。

第三卷 选择制胜之道

——时间与选股

选择一只股票,几乎是每个投资者投资的第一步。

在本卷中主要涉及的内容就是时空与选股,时空的法则应用于预测的情况比较多,很少有投资者知道,时间空间的规律还可以用于选择股票,而在股市中,掌握别人所不知道的规律,就是获利的秘诀。

买一种股票时，不应因便宜而购买，而应该看是否了解它！

——彼得·林奇

第五章　出人意料的选股方法
——从时空的角度来选股

股市时空的研究虽然内在的逻辑复杂，但是外在的呈现方式却极为简单，每一个投资者都喜欢暴涨的股票，因为那是时空紧缩的结果，时间短，空间大，我们能否利用上面两节讲到的时空概念，去发现暴涨的股票呢？其实，我们只要利用时空概念的其中一条就能找到这样的股票，那就是相邻两个时空的影响是最大的，在没有介绍这种方法之前，我们首先来谈谈选股。

第一节　选股的理念

选股的理念只有一个，那就是"人弃我取，人取我予"。所有财富的积累都是一种掠夺，无论在任何一个行业，只要你想获得财富。你就要记住，别人都知道的，就是我要忘掉的，别人不敢动的，就是我们要弄的，拉升往上推的就是我以后要追的。因为我知道股票的上涨都是资金推动的，活跃是它们共同的特点。

上面这段选股的理念其中有一个核心和三个方法，一个核心是"人弃我取，人取我予"，这段话出自于司马迁《史记·货殖列传》——"李克务尽地力，而白圭乐观时变，故人弃我取，人取我予。"个人觉得每

模型理论 2

时空对数法则

一个投资者都要反复的去看《货殖列传》这一篇，中国的史学家没有一个能像司马迁这样诠释财富的意义和获取的方法的，选股是为了获得利润，而不是因为某种好奇，财富的获得就需要你找到洼地，寻找到这片洼地的方法只有反向思维，放弃个人的感性，逃离众人的思维，你就能获得别人想象不到的思维，这让我想起了一个故事：

"在加拿大东北部的布拉多半岛上原本分布着好几个部落，皆以狩猎为生，但其他部落都因为打不到猎物而先后迁徙到别的地方，最后只剩下印第安人部落。其中的原因听起来有点匪夷所思：这个部落相信巫术而其他的部落相信经验和总结。"

听到这个结果每个人的第一反应就是，怎么会这样呢？相信巫术反而能存活下来，有经验的反而会灭亡，怎么可能是这样的呢？其实所有部落的人每天都要面对同样的问题：怎么才能找到更多的猎物？最核心的问题就是去哪个方向去找，印第安人部落以一种在文明人看来十分可笑的方法寻找答案：巫师把一块鹿骨放在火上炙烤，直到骨头出现裂痕，然后根据裂痕的走向确定当天寻猎的方向。其他部落在确定狩猎方向时，是依据过往经验和理性判断来确定行动路线：如果头一天满载而归，那么第二天就再到那个地方去狩猎，一个部落在某个地方打到了很多猎物，其他部落的人也会去那里分一杯羹。这样很快这个地方就会出现猎物的枯竭，虽然在短时间内能够让这些部落获得相当丰厚的收获，但这种快速增长的方法里暗藏着隐患——当一种方法让更多的人获利的时候，就意味着这里的猎物就会被赶尽杀绝，人们只能再重新寻找下一个猎物聚集的地方，在此过程中又要面临饥饿和痛苦，周而复始的去循环这一个规律，就像股市中的投资者一样，进入了赚钱→套牢→解套的恶性循环中，好像炒股就是为了解套。而那些看起来以愚昧方式做决策的印第安部落则不会遭遇此困境。他们每天的寻猎路线，像鹿骨的裂痕一样是随机性的，从长远来看，每个方向选择几率又是相对均衡的。这种随机性和均衡性天然地节制了捕猎行为中专注短期效益的冲动，不自觉地维护着资源的可再生性和可持续性。其他部落的活动范围逐渐变成动物的屠场，同时也把自己逼向绝境。

大多数投资者都兴奋的时候，就意味着人们对于短期利润的追求，进入疯狂的状态，直到没有人再买进的时候，股市就会出现崩盘，这就是"甘井近竭，招木近伐"的道理，所以想逃离这种投资的怪圈，就要站在大众的对立面，这个道理虽然简单，却是隐藏在光天化日之下的秘密，有一个成语叫"事以密成"，做什么事情越秘密就越容易成功。自己遵循的方法越鲜为人知，你成功的概率就会越大；而知道的人越多，这个方法肯定就越失效。经常会听到普通的投资者说，主力好像故意跟我作对，我一买就跌，一卖就涨，其实并不是主力盯上你了，是因为主力每次洗盘都是很秘密的，在他要拉升以前，必须让绝大多数人都丧失信心，只有这样主力的风险才是最低的，所以，"人弃我取，人取我予"永远是选股的第一准则。

别人都知道的就是我们要忘掉的。如果你知道的这个信息别人也都知道，那么你忘记的越多，胜利的可能性就越高。别人不敢动的就是我要碰的，你所买的股票可以高，可以低，可以好，可以坏，可以是任何一个行业。但你一定要问自己几个问题：我买的这只股票别人敢买吗？大多数人敢买吗？如果我是大多数人之一，我会买吗？如果你问完之后觉得别人都敢动，那你就要小心了。拉升往上推的就是我以后要追的，后面一句话是对它的解释。

在股市中，所谓的好股票除了上述几个准则之外，还有一个最重要的准则：活跃。你买的股票，不管上市公司是干嘛的，你问问自己它活跃吗？我们怎么才能知道它活跃不活跃？怎么才能判定它是活跃的？上市公司的业绩很好，报表也很好，各项内容都很好，但是不活跃，没有用。不活跃意味着没有人进来，没有人进来它就不会涨上去，没有任何一只股票可以无缘无故上涨，也没有股票仅仅因为业绩跃增200%就上涨的，之所以会上涨，是因为在跃增200%之前或者之后有人进去了。

小　结

炒股的方法浩如烟海，选股的技巧多如繁星，但是对于投资者来说，理念往往更重要，本节中笔者向大家介绍了自己选股的理念。

理念中第一条就是"人弃我取，人取我予"，远离众人的思维方式，永远与少数人站在一边，才能在股市中存活下来，获得收益和回报，避免进入了赚钱→套牢→解套的恶性循环。

第二条是"事以密成"，自己遵循方法知道的人越少，你成功的概率就会越大，永远不要遵循大多数人遵循的选股方法，在股市中多数人往往是错误的一方。

第三条，选择活跃的股票，只有活跃的股票才有上涨的动力和空间。

第二节　选股的誓言

作为一名成熟的投资者，我宣誓：每一次我购买的股票，都是经过我精挑细选的，在我购买这只股票之前，一定会试图了解它的全部信息，我绝不盲目购买任何一只股票，因为依靠幸运，即使获利也会让我不安，我从不购买别人推荐给我的股票，除非它符合我的选股条件。

这一段话是每一个投资者一定要铭记的，如果你真正记住了并且严格执行了，具体学习和使用什么方法都不重要，选股的誓言是理念，理念的形成远比学会一个方法要重要得多，同样，也困难得多，任何人告诉你一个方法的时候，你就知道该怎么用了。做一件事情，做3次叫了解，做9次叫掌握，做27次后就叫做技能。什么叫技能？技能是不受时间、环境和地域限制的。就好比你买卖股票，操作了3次你就会了解，知道怎么样去买卖股票；操作了9次就可以说是掌握，掌握了买卖的技巧；直到操作了27次，一种方法用了27次，它就会成为你的技能，你会非常清楚它的优缺点。而理念的形成却比这复杂得多，你不但要理解，要铭记，更重要的是执行，把它作为你的行为准则，你才真正拥有了理念，笔者认为，每个成熟的投资者都要有自己的投资理念。

我希望每个看到的人都能够铭记这个誓言，能够真正让这个选股的誓言深入你的内心。第一个要点是"精挑细选"，你每买的任何一只股票都不是随意选出来买的，你在买之前要问问自己：它是我经过精挑细选出来的股票才买的吗？如果答案是否定的，那你就不要买了。第二个要点是"了解它的全部"，在购买这只股票之前问问自己：我了解它吗？

其实炒股票就应该是像孩子一样的买进，像猪一样的卖出。而在实际操作中大部分的投资者都做反了，像猪一样的买进，像孩子一样的卖出。买进的时候不了解，它是干嘛的不知道，自己认为它会涨就买了；反而卖出的时候像卖孩子一样，天天盯盘都有感情了，卖的时候跟割肉似的（实际上很多投资者就是在割肉卖出），舍不得卖，这样做下去往往时间精力投入很多，结果钱没赚到。所以对于一只股票，在我们买之前需要了解它，要知道自己买入的理由，而当你想卖它的时候要像卖一个物品似的，怎么卖都可以，卖掉全部可以，卖掉一部分也可以。

我绝不盲目购买任何一只股票，因为依靠幸运，即使获利也会让我不安，因为你不知道这一次的幸运会伴随你多久，当你走霉运的时候，可能会付出更惨痛的代价。我从不购买别人推荐给我的股票，至少笔者从做股票到现在十多年的时间，从来没有买过别人推荐给我的股票。我遇到过很多机构向我推荐股票，告诉我哪只股票明天会涨停，让我看着点时间，后面会拉三个涨停板。我都看过了，真准，确实拉了。但是让我买，我却不买。我告诉他不要说有一个涨停板，就算有一千个涨停板，都和我没关系。

世界上的钱有的是，但是属于你的是有限的，你要赚那些你能赚的钱。这就好像吃自助餐一样，你能把所有的菜都吃了吗？在吃自助餐时，什么样的人是不会选菜的？就是在吃自助餐的时候这种菜夹一点，那种菜夹一点，什么都想尝一尝的人，结果怎么样？乱七八糟吃了一堆，喜欢吃的没吃够，甚至根本没吃到，搞不好还会吃坏肚子。你要知道哪道菜是你爱吃的，选择自己爱吃的吃就可以了。所以别人向你推荐股票的时候，你只需告诉自己一件事：It is not my cup of tea（那不是我的菜），就可以了。

对于一个人来说，最大的问题是什么？就是他从来不知道自己想要的是什么。你问他今天想吃什么？他回答说随便。其实回答随便的那些人是最难伺候的。随便两个字表面听起来意思是随便什么菜他都能吃，潜台词就是对他来说随便什么菜，吃不吃都无所谓。不只吃饭是这样，很多人在股市中也存在着这样的问题，曾有好多股民向笔者请教炒股的方法，笔者问他们想学什么方法，他回答说我什么方法都想学。那我只能说怀有这种想法学习，你什么都学不会。炒股的方法不在于你学了多少，而在于你有没有找到最适合自己的那一个，弱水三千，只取一瓢，你得知道哪个方法最适合你。

就好比笔者在这本书中写到的一些知识，非常高端，一般的高级分析师能看明白就不错了。有些人入市的时间短，学起来可能就非常吃力。人对自己不了解的东西是最恐惧的，越不了解越恐惧。也许你并不认同这句话，但这是事实，是人性的弱点，每个人恐惧时会有不同的反应，有些人会愤怒，有些人会冲动，有些人会逃避，这些负面情绪将会使你作出错误的选择或决定，而这在股市中是相当致命的。所以在你选择股票之前要试图去了解它，了解了之后再做决定。有人问：自己选择股票这么麻烦，那么购买别人推荐的股票可以吗？这就是典型的逃避心理，对于这个问题，笔者的建议是希望每一个投资者都能做一个有骨气的人，别人告诉你翻一千倍也不买，如果非要买——我知道会有一些人可能不坚持自己的观点，所以如果一定要购买别人推荐的股票，要有一个前提：这只股票要符合我的选股条件。它和我的选股思路及条件是一样的，也就无所谓推荐不推荐了，最多只能算是英雄所见略同而已。

> **小　结**
>
> 在选股时，我们要有这样的理念：我不要轻易得来的东西，那是一种对弱者的怜悯。在蓝天下飞翔，飞行的高度将永远不可能突破天穹；购买别人推荐的股票，将永远不可能比别人赚的更多，天上掉下来的往往是铁饼，香饵后面往往是闪亮的鱼钩。在股市中寻找方法永远比寻找依靠更能获得回报。

仅交易活跃的股票，避免介入那些运动缓慢，成交稀少的股票！

——威廉·江恩

第六章 用更短的时间赚更多的钱
——活跃的股票

所有股票的上涨都离不开两个字，那就是活跃。这种活跃来自于什么？什么样的股票才是活跃的股票？股价涨跌的幅度大，涨得多，跌得多，我们就称之为活跃的股票。说明活跃这两个字是单独研究空间的，股票活跃，它的涨跌空间就比较大。一只股票越活跃，我们的获利周期就会越短，获利额度就会越大，所以股票活跃的结果就是在更短的时间赚更多的钱。只要找到这一点，我们就会发现有一种股票是我们经常看到却不敢去做的，而这种股票往往就是获利最简单的。

第一节 空间累积选股

身为散户投资者，往往有这样的经历：看到一只活跃的股票，我们往往不敢介入，眼睁睁看着它一个个涨停，当我们终于咬咬牙打算买入了，它又开始暴跌，等到我们不再关注它，几年之后却发现，它已经悄悄翻了好几倍！

笔者也曾经为这个问题而困扰，本节中，笔者将为大家介绍一种专门应对这种情况的空间累积选股法。

空间累积简单来说，就是市场短期出现快速上涨的股票，急速地拉升脱离成本区，达到目标位以后开始出现回落，目的是冷却市场的追捧热情，当不再成为市场热点以后，再开始出现第二轮的上涨。

第一次的上涨不要买，不要参与，我们参与的是第二次。文字表述起来很复杂，但是通过图形表述就会很简单，如下图所示：

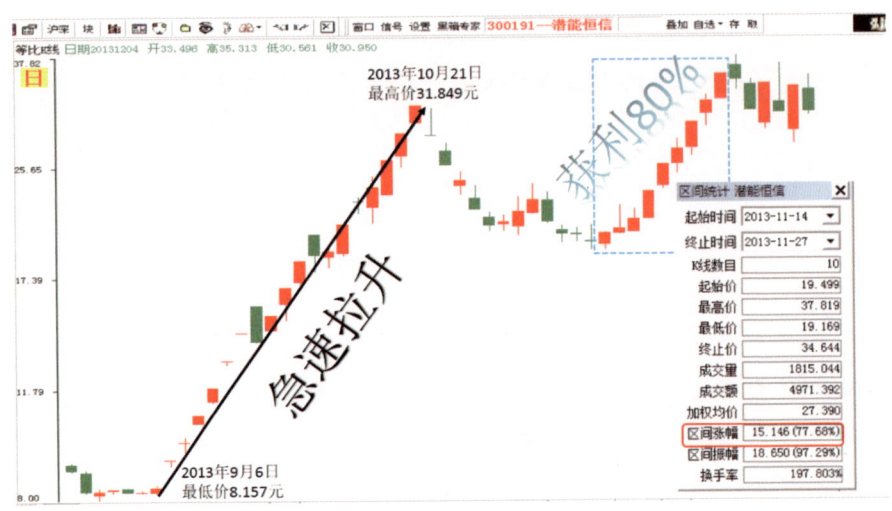

图 6.1.A 潜能恒信日线走势图

如图 6.1.A 是 300191—潜能恒信，我们来分析一下这只股票。用股民的话说，这只股票都要涨疯了！从几块钱最高涨到三四十，涨幅惊人。在图中我们看到，第一波快速上涨是从 2013 年 9 月 6 日的 8.157 元上涨到到同年 10 月 21 日的 31.849 元，涨幅这么大，在当时的股市里，几乎所有的人都知道这只股票。但是当时的投资者敢买入么？相信大多数投资者的回答都是不敢买。理由是什么？涨得太多了，怕追高，所有人都不敢买。那当时到底是谁在买入呢？说明这时更多的是主力拉升筹码，大家都不买，他就自己往上拉，目的是什么？抬高市场中的成本，让那些跟风盘、做短线的人全部出局。

结果那些跟风盘、做短线的人一看涨得太高了，怕炒作的价值没有了，就真的都出局了。同样的道理，中线、短线的人出局后，长期投资的人还会持有么？做长期投资的人这时已经翻三倍了，他们也不会持有了。你不买，我不买，结果这只股票又开始上涨了。

股民就是这样的，一只股票连续三个涨停，就不敢买了。一只股票今天一个涨停，调了几天又涨停了，又调几天再涨停了，你就会觉得这只股票挺好，今天涨停了，过了两天又涨停了，是不是好股票？你开始感兴趣，这时你就要倒霉了。像这种连续涨停的股票，刚开始的时候，投资者一般都不敢买，就怕追高，因为股票不知道什么时候就会出现顶部。

这样的股票只会让你觉得恐怖。这种情况就像一个孩子一出生，你就告诉他，你长大了要做很多事，面临很多压力，上幼儿园、读小学、念中学、上大学，要结婚、生子、买房子……你这么给孩子说，这么多事情压在身上，孩子可能连活着的勇气都没了。但是同样的事情，你可以这样告诉他，从现在到 6 岁，你的责任是读幼儿园，6 岁到 12 岁是读小学，然后是从几岁开始读中学、大学……一步步的给他划分好，这样他才不会有压力。其实所要面临的事情还是这么多，只不过给他划分阶段，分散开了，但是这样给人的感觉就完全不一样了。

这种股票有几个特点。第一，它的业绩一定很好。业绩不好它怎么翻三倍呢？对于这种股票，业绩、行业、利多消息、概念等等，这些基本面的信息就不用看，绝对是好的，没必要研究，没有意义。需要研究的只有一点，股票流通盘的大小。盘子大的股票如果涨这么多，这时就需要先观望。这种情况下，流通盘比较大的股票拉升起来之后，如果投资者进去赚些小钱，经常操作是可以的，虽然股票很活跃，但是投资者发不了大财。大盘股是这样，但是两个亿以下的小盘股、创业板或中小板的股票如果出现这种走势，你就要高度关注。

从 2009 年至今，笔者一直没有操作过 600 开头的股票，000 开头

的之前有一只,是留下来做长线投资的。在没有创业板之前,我一直是操作 002 开头的股票,后来听说了创业板,第一时间飞到广州(因为当时笔者是在广州开的户),开通了创业板。这几年 000 的股票一直没看过,懒得再研究,没有意义。这就好比你要投资一个人,你要投资老年人还是投资一个小孩?你是做 PEVC 还是做天使基金?天使基金可能风险较大,但是一旦你成功以后,投资三十个企业只要有一个盈利的,你就可以捞回本钱了。

所以这种情况下我们选择股票,唯独需要看的一个基本面就是流通盘,我们选择的永远是小的,流通盘多少算是小呢?要在两个亿以内,最多不得超过三个亿。

从图 6.1.A 中我们可以看到,经过一轮的快速上升之后,空间被打开了,市场中所有的人(短期、中期、长期投资者)都被排除在外。一只你想买但是没买到的股票,就会一直被你关注,当股价到了高位以后你却不敢买了。后面你发现它跌停了,这时你会怎么想?幸亏没买。股价从出现跌停之后,你就开始不关注了,你会把它从自选股中剔除掉,可能连代码和名字都不记得了。从这时候开始,它还会悄悄地做一系列动作,紧接着一路跌下来,再涨上去。像这种走势后面会出现一波、三波、五波……完不了。你发现这种股票以后能炒一年,而且看看你的平均获利率,100% 绝对挡不住,至少 200% 到 300%。

已经涨了三四倍的股票,你去看它的每一波,并且在每一波里再仔细去看,其中在第二波里还有四个涨停板。在有过一段大的获利之后,已经没有人再关注它了,所以后面几天的时间,利润达到了 80%,它的上涨空间永远都是那么大。

我们再看几个案例:

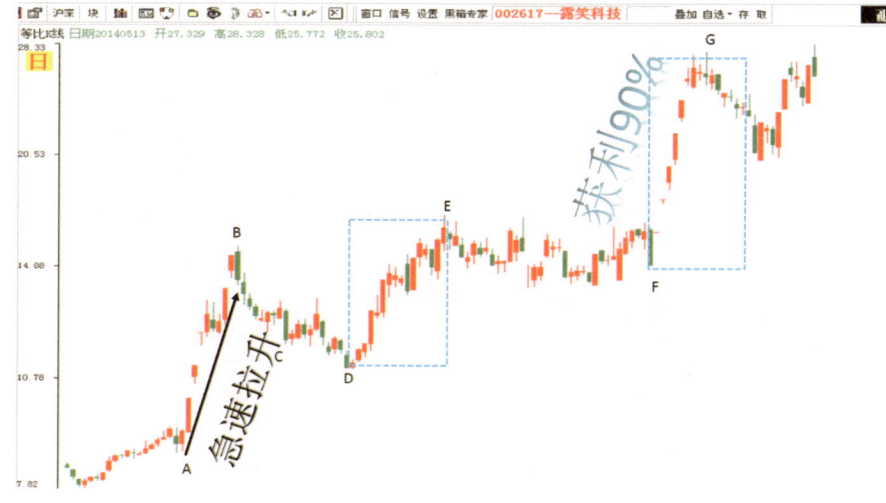

图 6.1.B 露笑科技日线走势图

如图 6.1.B 是 002617—露笑科技从 2013 年 8 月到 2014 年 6 月的日 K 线走势图，这是好的股票么？它的特点是什么？一波拉升从 A（2013 年 12 月 3 日最低点 8.684 元）到 B（2013 年 12 月 16 日最高价 15.761 元）出现五个涨停，然后从 B 点开始第一波快速的下跌（图中 BC 段走势），逐渐再变成阴跌（图中 CD 段走势），直到 2014 年 1 月 13 日达到最低点的 11.04 元（D 点）。

为什么会有快速的下跌？主力想让还在关注它的人全部出局，因为暴涨后再暴跌的股票就很少有人关注了，当你不关注的时候，它就见了底。见完底之后先从 D 点展开一波拉升，到 E 点见顶，随后股价开始震荡调整，调整完之后从 F 点再次展开拉升，并且是连续涨停。这样的股票真的很少有人能拿得住，尤其是从底部开始启动时。

如图 6.1.C 是 600217—*ST 秦岭在 2012 年 8 月至 12 月的日 K 线走势图。当你炒完前面 8、9 月份那一波之后，在 12 月又开始连续拉升，出现多个涨停。这只股票近几年的走势，几乎每一波都是调整之后进行暴涨。但因为很多人对于两年前发生的事情早就忘了，就算是你能选出这只股票，也不敢买，涨了这么多，你就会失去对它的关注度。

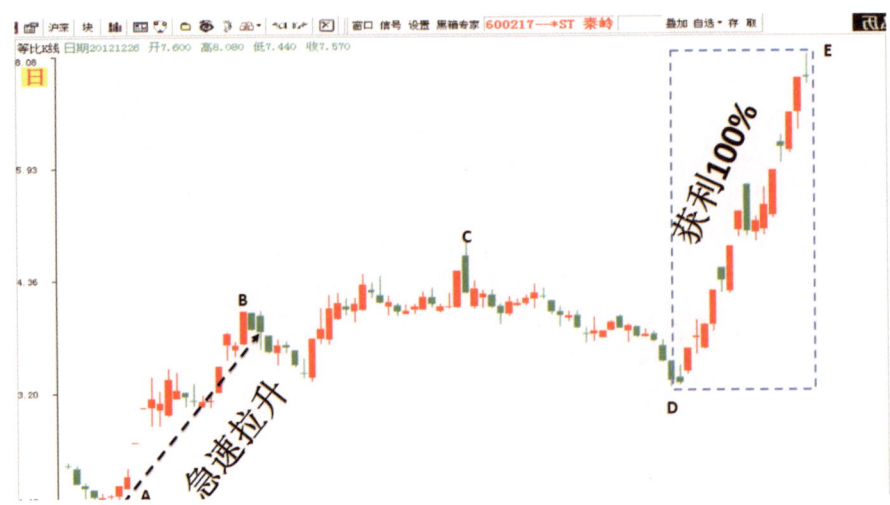

图 6.1.C *ST 秦岭日线走势图

我们来看它的特点，在急速拉升阶段（AB），先拉两个涨停板，然后震荡短调，接着再有一个涨停，然后涨停打开，随即次日再次涨停，共出现五根涨停 K 线。这里需要注意的是，笔者通过观察发现，其实很多股票连续涨停最常见的情况就是连续 5 个涨停。

当一波急速拉升结束后，股价开始慢慢震荡调整，直到 D 点调整结束，还未等人来得及反应，就在次日以涨停板展开又一波拉升。这一波涨幅比前面还要大，获利直逼 100%。

包括下图的案例也是这样：

图 6.1.D 是 300043—互动娱乐自 2013 年 7 月至 2014 年 3 月的日 K 线走势图。我们可以看到，同样是急速拉升阶段 (AB) 出现连续 5 个涨停，之后从 B 点开始震荡调整 (BC 段)，横盘一段时间之后从 C 点再次拉升到 D 点，如果我们此时买进，获利幅度将达到 120%，这种现象在股市中多次出现，我们完全可以把握其中的规律，收获其中的利润。

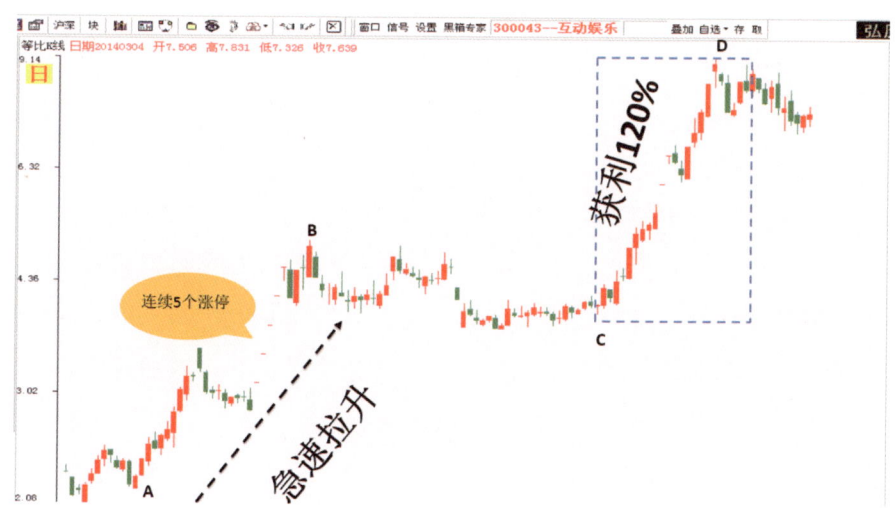

图 6.1.D 互动娱乐日线走势图

图 6.1.D 是 300043—互动娱乐自 2013 年 7 月至 2014 年 3 月的日 K 线走势图。我们可以看到，同样是急速拉升阶段 (AB) 出现连续 5 个涨停，之后从 B 点开始震荡调整 (BC 段)，横盘一段时间之后从 C 点再次拉升到 D 点，如果我们此时买进，获利幅度将达到 120%，这种现象在股市中多次出现，我们完全可以把握其中的规律，收获其中的利润。

通过这几个案例，所有案例的共同特点是什么？所有案例的共同特点就是主力利用快速拉升突破重要压力区，而后市场中的前期套牢盘全部出局，由于快速上涨跟风筹码不多，所以市场经过短期调整后会重新创出新高。这样的股票通过我们给出的例子，你可能觉得已经涨得很多了，但是一波下来再涨上去，连着五个涨停，然后调整下来，调整完毕后再来一波，涨幅还要多！

小 结

选股的方法多种多样，但是本节中提到的空间累积选股法，相信你以前从未听说过。在股市获利的比率是 1∶2∶7，也就是说，在股市中永远只有少数人能够获利。那么，选择一种别人不敢做的股票，把握别人把握不到的机会，才能抓住少数人才能获得的暴利，本节中介绍的方法无疑是投资者们获利的捷径。

时空的奥妙无穷无尽，还有许许多多的规律在等待我们去学习，去发现。在股市中，只要我们细心观察，发现规律，掌握规律，从而运用规律，相信你最终一定能够获得满意的回报。

第二节　空间累积股票的特点

现在我们需要思考一下我们在上一节中所讲到的案例，它们都有什么样的共同特点？

第一波拉升一定要突破重要的下降趋势线或颈线位。

前面的第一波拉升之所以会出现连续涨停，是因为它在重要压力位——比如长期下降趋势线或者是长期平台的颈线位——在这些投资者普遍以为股价很难突破的地方，它却快速地用连续几个涨停突破。轻松突破后的结果是什么？到了高位，解套的人全部卖掉。当然，主力在做这种事情之前，往往会进行一些运作：在连续涨停之前先拉升一小波，之后反复震荡，让前期套牢的人选择割肉。当主力发现市场中的筹码持有率很低时，就会开始连续拉涨停。

因此我们甚至不用分析内在因素，只要知道连续拉涨停，或者不一定就是涨停，只要是连续大涨，就会突破重要的下降趋势线或颈线位。之前在我们看来很难的事情，它很轻松就做到了。

回调特征要么是在前期高低点附近，要么是出现清晰的 ABC 浪。

回调后一波上涨，再跌下来，跌到什么时候才会见底？有两个特点，第一是 ABC 调整三浪，至少我看到的 80% 的股票是调整 ABC 浪，很清楚，不会数浪的都看得清，就三波。第二就是跌到前期的平台位或者颈线位。但是在下跌的时候，什么样的股票才会涨势汹汹？就是那种快涨快跌的情况，尤其是连续五个涨停后出现连续两个跌停，涨了五个涨停时，投资者大多不会卖出，紧接着出现两个跌停，这时就会引起投资者的恐惧心理。没买的人庆幸，关注的人把自选股删掉了，认为这是垃圾股。

这时出现快速下跌，做 B 浪的修正，修正的是快速下跌和颈线位出现 45 度角。修正完之后再出现缓慢下跌，如果出现无量下跌或者是缩量上涨，即下跌或是突破平台的时候没有量，都是最佳的买点。

但是要记住，这种方法比较适合做中线，一般的持股时间都在一周左右，当然第一波上涨的时间可能会长一些，两三周之内持股的风险都不会很大，当最大的一波做完之后，再往后这只股票做一年都没有关系。它的技术性最强，投资者只要熟悉了这只股票的股性，它将为你带来可观的收益。当然在连续的上涨时，每一波的涨幅可能会比之前一波的涨幅小，但是涨停板会经常出现。

第二次上涨见顶之后往往还会回落，第二次的回落才是最佳买点。

在图形中有几个需要注意的点：

1. 快速上涨

这一波上涨有几个特点：第一，连续大阳线拉升；第二，大多数情况下会出现连续涨停，尤其是一字板。连续几天开盘都是一字涨停板的股票，有的人从来不看，其实那些股票再往后运行，还有很多的上涨机会。等它走完你再回头看就会发现，那些连续一字涨停板的地方非但不是高点，反而是底部。这是第一阶段的特点。

2. 第一波下跌

第一波下跌的特点是什么？快速，甚至有的股票会出现跌停。但是，第一波下跌跌得越凶越好，下跌速度越快越好，下跌力度越大越好，哪怕全部都是跌停板也没有关系。

3. 出现反弹

反弹也有两个特点：第一，一般和前期头部呈现45度角的幅度；第二，反弹的幅度很小。

4. 第二波下跌

这就是ABC浪中的C浪，在C浪下跌过程中，往往是小阴小阳线，和前期走势区别悬殊。前面是暴跌，在这一阶段就变成了阴跌。

这里还有一个问题，C浪之后股价就能涨起来吗？要注意，如果C浪是阴跌，是每天都带上下影线的小阴小阳线，甚至经常出现十字星，股价一般能够从这里出现一波上涨，创出新高；如果C浪不是小阴小阳线，而是中阴，甚至是大阴线下跌，往往股价会先出现一波上涨，然后再出现回落，而这次回落的低点就是最佳的买点（如下右图中的d点）。d点被称为空间累积形态的绝佳买点，当它出现时的特点就是下跌缩量，见底后立即快速上涨。

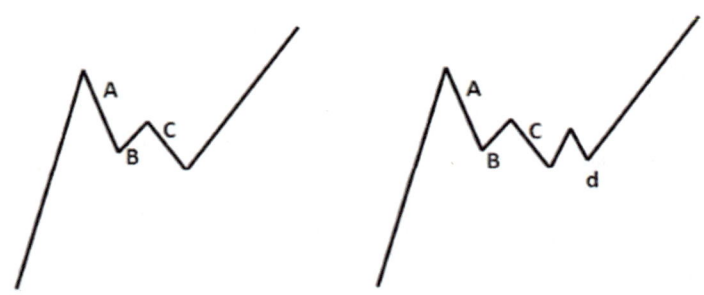

图6.2.A C点之后的两种可能走势

其实，在 d 点后的一波上涨也有几个特点：

第一，基本都会有涨停，没有涨停的很少。

第二，有的是连续几个涨停，有的是拉一个涨停后调整，开始变成震荡上涨的走势。

以上就是这几个波段的特点，各位读者一定要牢记。

小　结

本节向大家阐述了空间累积股票的三大特点：

1. 第一波拉升一定要突破重要的下降趋势线或颈线位。

这是三大特点中最重要的一点，是后面两大特点的前提。

2. 回调特征要么是在前期高低点附近，要么是出现清晰的 ABC 浪。

当出现 B 浪修正时，出现无量下跌或者是缩量上涨，将是较好的买点。这里需要注意的是，这个方法适合做中线。

3. 第二次上涨见底之后往往还会回落，第二次的回落才是最佳买点。

第二次回落会出现两种情况，一种情况是 C 浪阴跌，则此时低点买入，股价往往能够创出新高；另一种情况 C 浪是中阴，甚至是大阴线下跌，一般股价会先出现一波上涨，再出现回落，回落低点是较好的买入点。

第三节　空间累积选股案例

笔者和很多人聊天的时候经常会聊到一个话题，我会告诉他们我是纯技术派的。在以前，我买股票进行投资的时候还会分析，看看这个公司是干嘛的，看看报表怎么样，基本分析会占很长时间。后来慢慢的基本面分析就做得少了，现在基本上就没有了。最开始的时候，我一年还会买几只股票，打开我的账户有时候还能同时看到三只股票，到了2012年开始最多就只能看到两只了，而从2013年一直到现在，我的账户里最多只有一只，满仓。一年只做一只，或者说我是抓住一只合适的股票做一年。

在2013年笔者曾经持有一年顺网科技，像这样的股票只需闭着眼买，买入之后持有就可以。笔者在前面几节中讲到的方法，如果各位读者能够熟练掌握的话，自己也可以选出这样的股票。下面是几个出现涨停情况的典型案例：

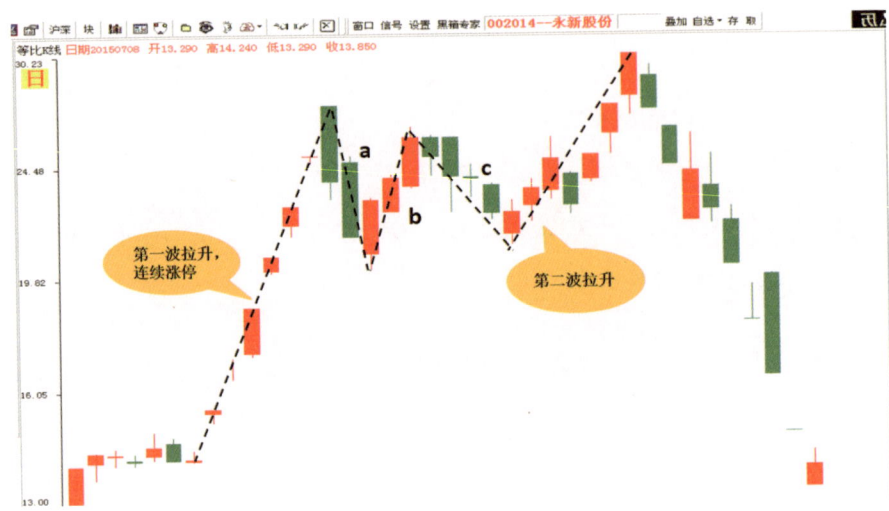

图 6.3.A 永新股份日线走势图

图 6.3.A 是 002014—永新股份 2015 年 5 月到 7 月的日 K 线走势图，前文中笔者讲到空间累积股票的特点时，曾经提到过"涨五退二"的情况，而图 6.3.A 中的走势就是一个相当标准的"涨五退二"，第一波拉升连续五六个涨停之后两个跌停，出现明显的 abc 浪调整之后开始第二波拉升，同样出现涨停。

我们再来看一个案例：

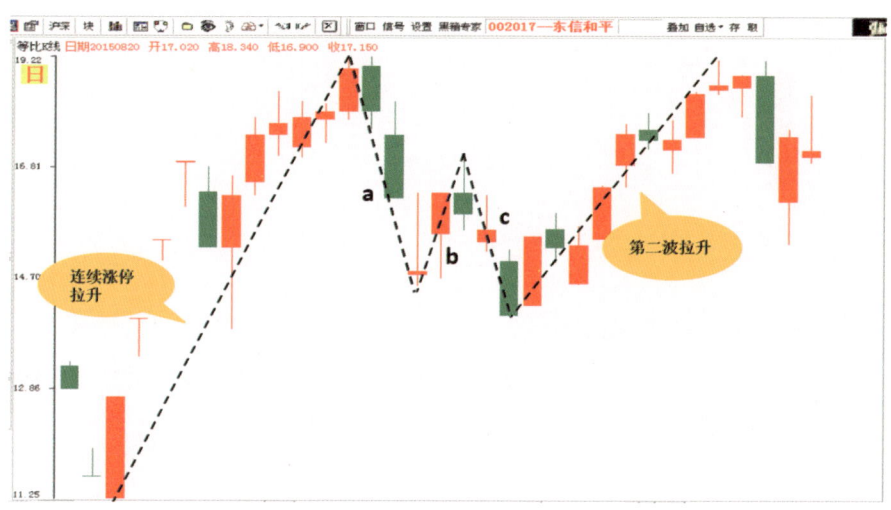

图 6.3.B 东信和平日线走势图

图 6.3.B 是 002017—东信和平在 2015 年 7 月至 8 月的日 K 线走势图，我们可以看到，同样是一波连续涨停拉升，在中途稍微调整之后，继续拉升直到见顶。之后走势出现了明显的 abc 浪，c 浪结束之后股价马上开始了第二波拉升，在这一波拉升中，同样有涨停在等着你。

如果你仔细观察就会发现，在股市中，这种情况绝非个例：

图 6.3.C 是 000905—厦门港务的日线图，同样在 2015 年的 7、8 月份出现了相同的走势，都是经过一波涨停拉升，见顶之后出现明显的 abc 浪，c 浪结束以后立刻出现第二波拉升行情，与前面案例中的走势十分相似。

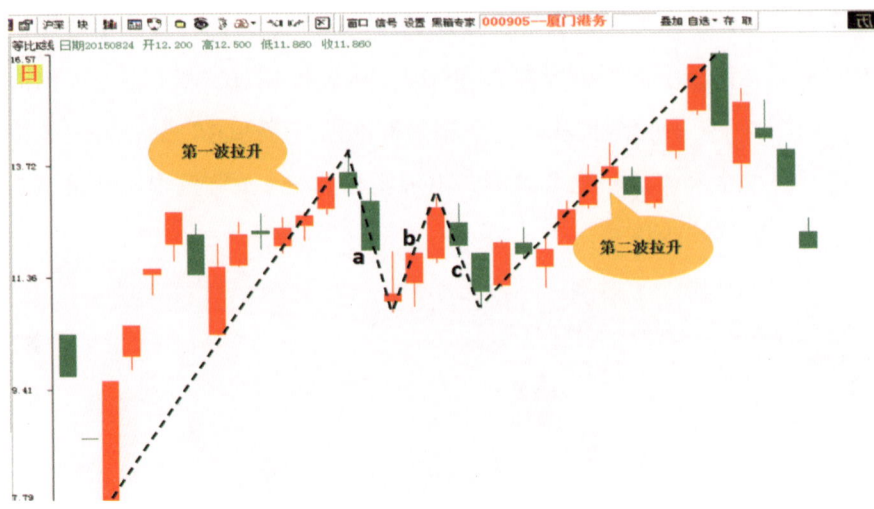

图 6.3.C 厦门港务日线走势图

当然也有一些特殊情况：

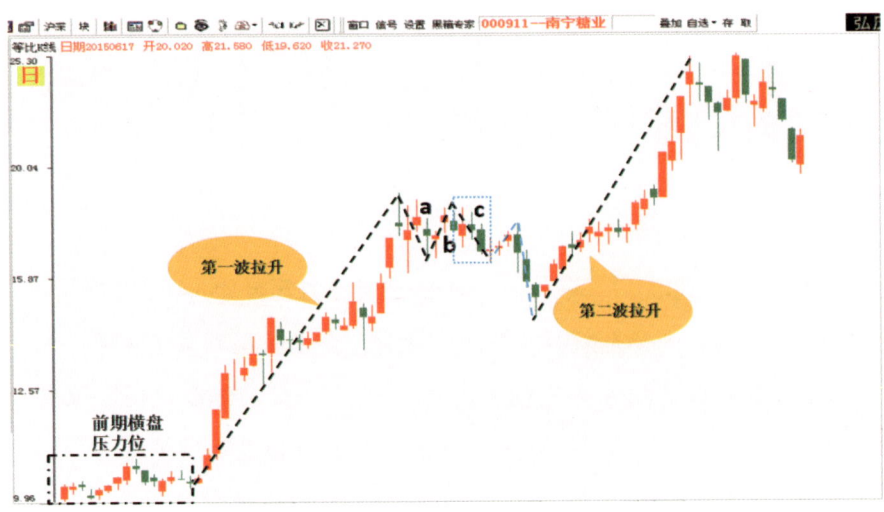

图 6.3.D 南宁糖业日线走势图

图 6.3.D 是 000911—南宁糖业 2015 年 2 月到 6 月的日 K 线走势图，可以看到，第一波拉升轻松突破前期压力位，经过短暂调整之后继续拉升见顶，之后出现 abc 浪，可以看到的是 c 浪都是中阴线，甚至出现了

一根大阴线，那么根据我们之前讲到的空间累积股票的特点，往往股价会先出现一波上涨，再出现回落，之后才会出现最佳买点，实际走势也正是如此，股价经历过一波上涨回落之后开始了第二波拉升。

实际上这种走势在股市中是比较常见的，近些年来这种走势的股票非常多：

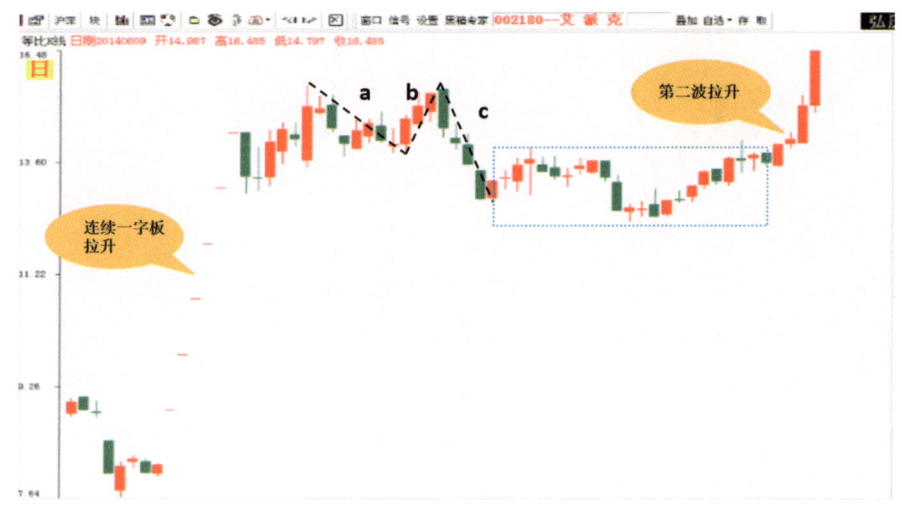

图 6.3.E 艾派克日线走势图

如图 6.3.E 是 002180—艾派克自 2013 年 11 月到 2014 年 6 月的日 K 线走势图，2014 年 6 月 9 日（图中最右侧的一根 K 线）又是涨停。它的走势是不是和我们前文中讲的案例形态一样？我们可以看到它前面的一波拉升，全部都是一字板涨停，回调下来之后又是一路上涨，然后到达头部。这里头部的形态就是 abc 浪，接着不断震荡，然后又是一波拉升。如果你做熟了这种股票就会发现，涨停会经常伴随着你。

再比如图 6.3.F：

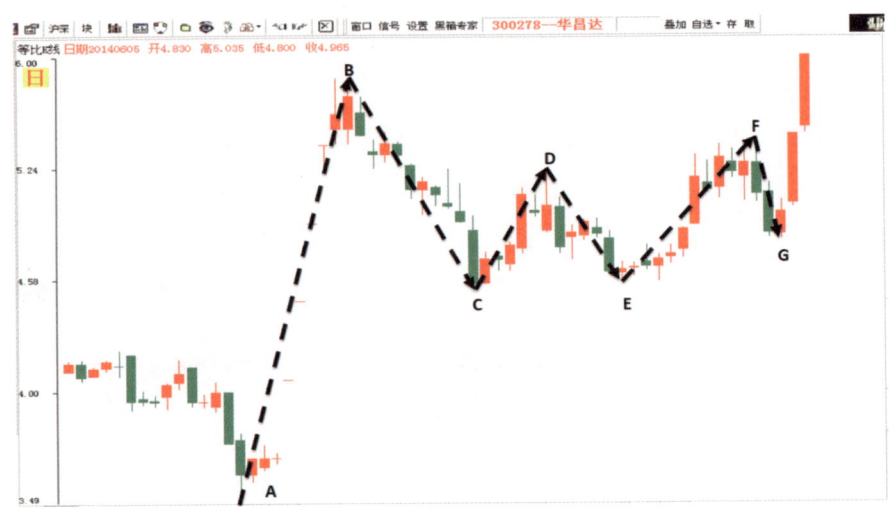

图 6.3.F 华昌达日线走势图

如图 6.3.F 是 300278—华昌达自 2013 年 10 月到 2014 年 6 月的日 K 线走势图，2014 年 6 月 8 日和 9 日（图中最右方的两根 K 线）已经是两个涨停。你会发现这些股票的上涨并不是偶然的，我所说的这几只股票并不是最好的，但如果你问我可不可以买，我会告诉你可以买，但只能一波一波的做，大涨已经没有了。这种股票很难找吗？不难，只需找到连续拉五六个涨停的股票，然后等它回落下来的时候进行关注。就比如华昌达，第一波拉升从 A 点开始几个涨停一路涨到 B 点，然后股价开始回落，从 B 点跌到 C 点，之后又是一波上涨（CD 段），在 D 点见顶之后，开始一波下跌到 E 点。

股价走到这里，从 E 点再开始上涨时我们就知道，股价要么直接一波涨上去，要么上涨一波，再次回落后大幅上涨。随着股价的运行我们可以看到，股价先从 E 点上涨到 F 点，在 F 点见顶后产生了回落，这时我们就能清楚地知道，回调后的低点就是我们的最佳买点。果然，当股价回调到 G 点见底后，就开始一路上涨，连续涨停。

只要做了这种股票，投资者就无需再经常选股，因为你能够像了解自己的孩子一样了解它的股性，你预计它过两天会调整，两天后它就会如期调整；你预计它几天后会上涨，它在几天后真就开始上涨，它会很听话，因为你熟悉它。

我们再看近年来涨幅榜上随便截取的几个例子：

图 6.3.G 联络互动日线走势图

如图 6.3.G 是 002280—联络互动自 2014 年 1 月至 6 月的日 K 线走势图，第一波拉升中就包含了六个涨停，其中有五个连续的一字板（AB段），最后一个涨停板达到了最高价（B 点），随后股价开始从 B 点回调下跌到 C 点，次日产生了一根涨幅接近涨停的反弹 K 线，随即继续下行，直到 E 点调整结束，于是在 E 点附近短暂盘整后，开始出现最后一波拉升。

这条规律一定要记住：只要是见了底之后直接上涨且出现涨停板的股票，回调后就会改成慢慢上涨；只要是回调之后有横盘的，就是蓄势，一段时间之后可能就会涨停，而且再次调整后又会出现涨停。

案例中的这只股票运行到最右侧涨势已经接近尾声，应该选择一个好的卖点将它卖掉，因为接下来的涨势会一波不如一波。投资者只要在没涨停之前埋伏进去，后面只要出现涨停就继续持有，一旦出现以涨停开盘且涨停板打开，就开始准备卖出，但是只要不出现涨停板开盘的情况，就可以继续持有观察。需要注意的是，如果出现涨停板开盘回落的情况，必须要提高警惕，因为出现这种情况，行情可能就到头了。

笔者同样也用这种方法观察过新加坡的股票，规律也是这样。但是新加坡没有涨跌幅限制。

图 6.3.H 新加坡 Y34 日线走势图

上图是新加坡的 Y34 从 2012 年 10 月到 2013 年 7 月的日 K 线走势图，这样的股票都是非常活跃的。从 2012 年 11 月 20 日到 2013 年 1 月 2 日开始第一波快速上涨，股价从 A 点 0.019 到 B 点 0.037，尤其是在第一个框线中的两天，大幅度上涨。上涨完毕之后从 B 点开始震荡回落，直到 2013 年 3 月 28 日到达 C 点 0.022 震荡结束，之后从 C 点开始第二波拉升，2013 年 5 月 8 日到达 D 点 0.035，然后 DE 段走势再回调震荡，2013 年 5 月 28 日震荡结束之后从 E 点 0.031 再开始一波拉升，2013 年 7 月 15 日到达 F 点 0.080。这种走势已经成为了它的一种常态，而不是短期走势。

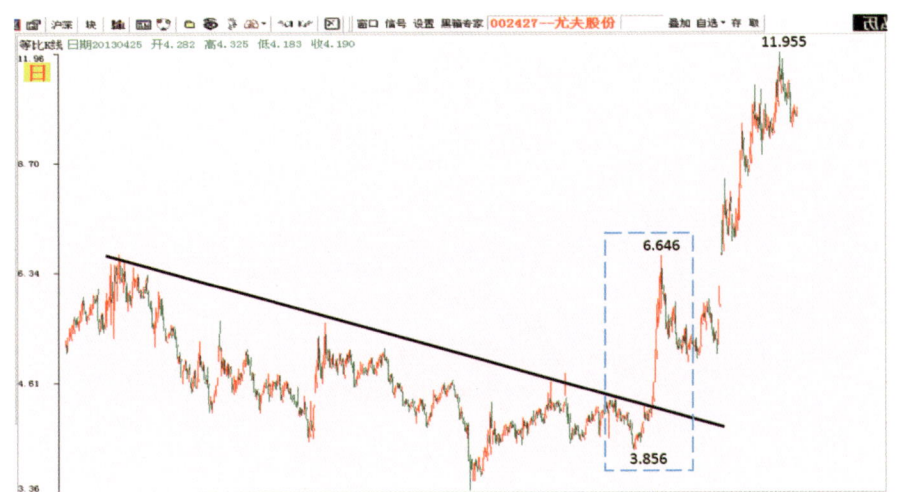

图 6.3.I 尤夫股份日线走势图

如上图 6.3.I 是 002427——尤夫股份从 2012 年 11 月到 2014 年 5 月的日 K 线走势图，我们可以看到，蓝色框线中这只股票从 2014 年 1 月 20 日 3.856 元涨到了 2014 年 2 月 19 日 6.646 元，这个位置是否已经接近高点？当然，现在我们知道后面的走势，但在当时，我们能否做出准确判断？

我们看这只股票前期的走势就会发现，6 元的价位对它来说并不算高，还没有达到前期历史高点，股价在拉升抵达 6.646 元之后，进入横盘，直到 2014 年 4 月 25 日 4.981 元开始拉升，直到 2014 年 7 月 11 日出现高点 11.955 元，第二波拉升涨幅惊人。

我们来分析一下之所以会选择它的原因。首先回想一下我们前面所讲的几个选股思路中的第一条，在此之前，这只股票是长期下降趋势，下降趋势线一直都没有被突破出现。一直到蓝色框线中的一波拉升出现之前，人们普遍都认为这只股票很难再突破了。然而结果令人意外，它利用连续涨停很轻松就突破了长期以来的下降趋势。

下图是尤夫股份的后续走势图：

时空对数法则

图 6.3.J 尤夫股份日线走势图

我们可以看到这只股票后期的走势，图 6.3.J 中蓝色框线标识的是从 2014 年 1 月 20 日 3.856 元涨到了 2014 年 2 月 19 日 6.646 元，c 点是第一次横盘结束的点——4.981 元（2014 年 4 月 25 日），当股价拉升到 d 点 11.955 元之后，从 2014 年 7 月开始到 2015 年 2 月震荡横盘，2 月 9 日（e 点 8.673 元）之后又一波拉升开始。直到 2015 年 6 月 9 日出现 f 点 34.490 元，涨幅超过 200%。

这就是这类暴涨股票的特征，在重要的压力位拉涨停。当你觉得突破很难的时候就突破上涨，当你觉得它会回踩趋势线时，它却不会回踩，因为主力不会给你这种机会。它的走势出乎大多数人的意料，这也就意味着，在实战中，只要抓住了这种股票，你就成为了少数人，对你来说获利还会困难么？

小 结

本节中我们以案例的形式深入学习了空间累积选股法在实战中的应用。

需要注意的是,当出现第一波拉升回调之后又横盘的情况,就是在蓄势,此时买入就会迎来上涨——调整——再上涨的走势;当股价以涨停板开盘后回落时必须注意,此时就要考虑卖出了。

这种股票的特征就是,在重要的压力位拉涨停,以一种出人意料的方式拉升,并且不会出现回踩。

在别人恐惧的时候我疯狂，在别人疯狂的时候我恐惧。

——沃伦·巴菲特

第七章 做别人不敢做的
——疯狂的股票

在本章，我们将学习如何选疯狂的股票。也许你会认为在上一章中，我们所看到的股票已经相当疯狂，属于高危型。但实际上，上一章中我们所讲的股票类型安全性很高，因为这种股票的技术性特别强，当你做过几次之后就会发现，它一直都是上涨缩量、下跌放量，跌到颈线位就会止跌，见底的时候出现下影线，规律性特别强，每次都不例外。

因为当这种股票经过前期积累之后，筹码已经控制得很好了，不需要再做额外洗筹，每次都可以按自己制定的方案去做。所以这样的股票只要你能逮住一只，连续做一年时间可能有点长，但是做半年或三五个月是绝对没有问题的。它和行情没有太大的关系，虽然大盘下跌的时候它也会跌，但是大盘稍微一涨，它就会拉一个涨停板，这也是它们最大的特点。它们愿意借势，因为已经有资金在里面长期注入，所以这种股票非常活跃。

而在本章中我们所讲到的疯狂的股票，则是完全不同的一种类型。

第一节 疯狂股票的特征

疯狂的股票是一种什么样的概念？第六章所讲到的股票也很疯狂，但是和本章的股票相比，不属于同一个类型。我们第六章所讲的股票属

时空对数法则

于控股力度较大,几乎所有的筹码全都放在自己手里,所以股价的上涨只能说是活跃。而本章所讲的疯狂的股票,一旦上涨犹如火山喷发,黄河入海,又犹如火箭发射,强烈而迅速。究其原因,皆是蓄势而发之故。疯狂的股票在拉升之前往往会出现一种蓄势,我们只要能发现这种蓄势,急速的拉升就可以期待。

疯狂股票蓄势的形态特点

这种蓄势有着什么样的特点?我们用什么样的方法能够发现并判断这种蓄势?首先总结一下这种股票的形态特点:股价连续10天贴近5日EXPMA线,但是收盘价没有跌破5日EXPMA线,这样就形成了蓄势期。

此时,只要出现股价缩量上涨就是拉升启动的开始,投资者们应该抓紧机会买入,而当收盘价跌破3日EXPMA线时应果断卖出或止损。

上述这种通过对疯狂股票形态特点来把握上涨的方法几乎没有什么风险性,方法中对于投资者买进、卖出、止损都有很明确的信号,如果我们长期按照这个方法去做,获取的投资收益将是非常可观的。因为此种方法操作以3日的EXPMA作为止损依据,投资者的亏损额度将被控制在一个相当低的范畴,止损点不到3%。如果投资者严格按照止损机制操作,即使出现亏损,亏损的额度也很小,而一旦操作正确,投资者能够获利,那么获利程度将会让投资者惊喜。

3日和5日的EXPMA估计很多人都没有用过,很多投资者不用是因为觉得3日或者5日时间太短。实际上,这是主力用来权衡洗盘完毕之后市场控制蓄势的一种标准,如果跌破了5日的EXPMA线,这只股票基本上就没什么前途了。

这种疯狂的股票在蓄势时的形态往往使股价会一直贴近5日EXPMA线,不会大涨也不会大跌,时间维持在10天左右,说明主力在用两周的时间判断控盘是否到位,判断跟风的投资者有多少,有没有投资者在洗盘的过程中跟进等等，跟进的人越少，上涨的概率就会越大。

实战案例如下：

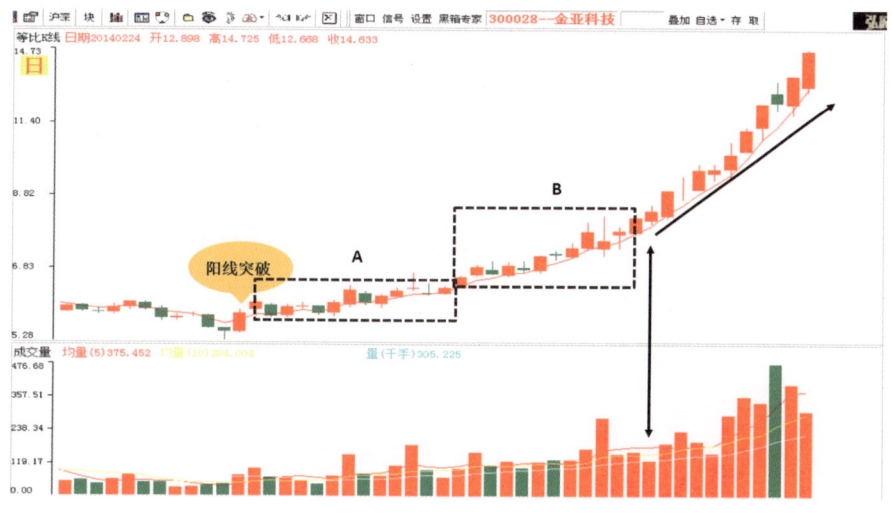

图 7.1.A 金亚科技日线走势图

如图 7.1.A 是 300028—金亚科技 2013 年 12 月到 2014 年 2 月的日 K 线走势图。很多曾经持有这只股票的朋友都没有握住它，错过了大波利润，追悔莫及。现在我们就以这只股票为例，来看看这种疯狂股票的特点。K 线图中的蓝色线是 5 日 EXPMA 线，这款指标可以在弘历的大多数软件中调出来，通过分析这只股票的历史走势我们也可以知道，它前期的走势和我们上一章所讲的内容相符——先是连续几个涨停拉升，然后是 abc 浪回落，回落完毕后就一直拉升。这种股票非常活跃，用不了多长时间就还会涨停。它不只是活跃一年半载，而是能一直持续两三年甚至更久。

我们来看它的近期走势特点，见底之后一根阳线突破，然后就是平台整理（图中框线 A），股价在 5 日 EXPMA 线附近上下波动，紧接着出现单边上涨的走势（图中框线 B），一直是小阴小阳线，但是收盘价一直都没有跌破 5 日的 EXPMA 线。这样的 K 线走势只要能持续 10 天，就可以认为是疯狂股票的蓄势期（当然时间越长越好，此种走势持续的时间越长，拉升的力度就会越大）。像这只股票就持续了三周以上，不管散户们如何买卖，主力都能把所有的筹码控制在5日的EXPMA线以上，股价一直围绕着5日EXPMA线，几乎每天最低价刚跌破5日EXPMA线，收盘价就立即再站上去，一直这样持续了三周。由此可见它的主力控盘有多厉害！

　　股价的上涨是在哪一天开始启动的呢？就是黑色双箭头所对应的那根K线。从图中我们可以看到，这天的成交量是缩量的。虽然它的成交量比前一天小，但是价格却比前一天要高，出现缩量上涨。在这根K线出现之后，股价就开始拉升，如果投资者抓住机会买入，那么这一次上涨获得的利润太丰厚了！

　　这个案例很典型，将我们上一章和本章讲到的两个方法结合在一起。

　　首先我们看金亚科技这只股票的特点。图7.1.B是它2009年12月到2014年6月的日K线走势图，图中它的股价从高位一路下跌，然后突破颈线，一直震荡上涨，突破平台后的最后一波连续涨停拉升，引起市场的重视。紧接着走完abc浪（图中黑线标识），走完之后就开始上涨和回调，直到笔者写下这段文章，这只股票的走势还处在回调过程中，如下图所示：

图 7.1.B 金亚科技走势图

我们把上面案例中的走势放大，详细分析这只股票成交量的变化：

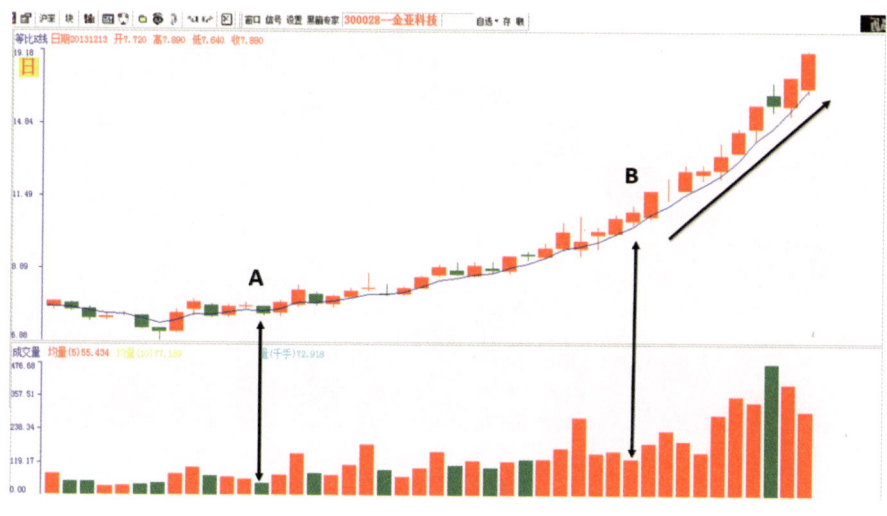

图 7.1.C 金亚科技成交量

图 7.1.C 是 300028—金亚科技从 2013 年 12 月到 2014 年 2 月的日 K 线图。在图中我们可以看到，股价在 A 处出现了下跌缩量，此时就是它的一个最佳买点，买入之后股价一路上涨。在上涨过程中，我们可以看到股价在 B 处再次出现了上涨缩量，在此之前一直没有出现过阳线的缩量，这是近 20 个交易日里第一次出现阳线缩量的情况，这种情况出现之后下一个交易日将会出现涨停，然后调整，调整完之后再次涨停、拉升。如果我们抓住机会，就可以轻松获得这一波上涨所带来的丰厚利润。

另外，各位读者还可以设置一个 3 日的 EXPMA 线（图中蓝色线）来作为止损机制，只要股价跌破 3 日的 EXPMA 线就可以止损卖出：

图 7.1.D 是 2014 年 2 月 11 日到 2014 年 3 月 3 日的日 K 线走势图。从图中我们可以看到，A 处 K 线的收盘价已经跌破了 3 日 EXPMA 线（图中蓝色线），这天是一个卖点。实际上后面第一天、第二天都可以进行卖出。在前期拉升过程中，股价一直都没有跌破过 3 日 EXPMA 线，一旦当它跌破 3 日 EXPMA 线，就意味着拉升结束。

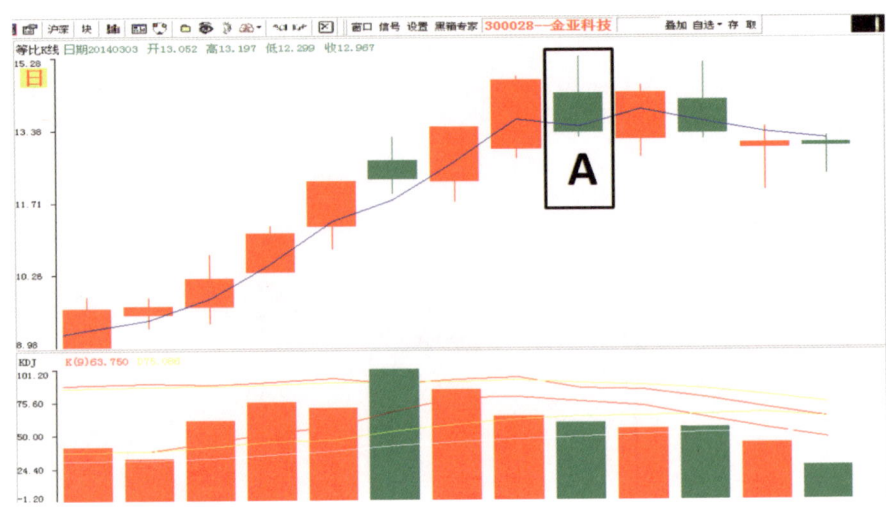

图 7.1.D 金亚科技 3 日 EXPMA

小　结

疯狂股票不同阶段的一些特征：

蓄势期：股价贴近 5 日 EXPMA 线，但是收盘价没有跌破 5 日 EXPMA 线，不会大涨也不会大跌，这种走势只要持续 10 天，就可以认为是蓄势期，当然时间越长越好，此种走势持续的时间越长，拉升的力度就会越大。

买入点：当成交量出现缩量，股价却出现阳线上涨时，往往就是行情的启动点。

卖出点：当收盘价跌破 3 日的 EXPMA 线就应该止损卖出。

我们可以根据这些特征来判断走势目前处于什么阶段，从而决定我们的下一步操作。需要强调的是，本节中我们介绍了疯狂股票的特征，还介绍了在不同时期的操作方法，其中止损机制一定要严格遵守，一套成熟的交易体系中止损往往是最重要的，就像巴菲特的股市格言一样：第一条，保住本金最重要；第二条，永远不要忘记第一条。

第二节 疯狂股票实战案例

这一节，笔者会具体分析符合疯狂股票特征的几个实战案例，以加深各位读者的理解。

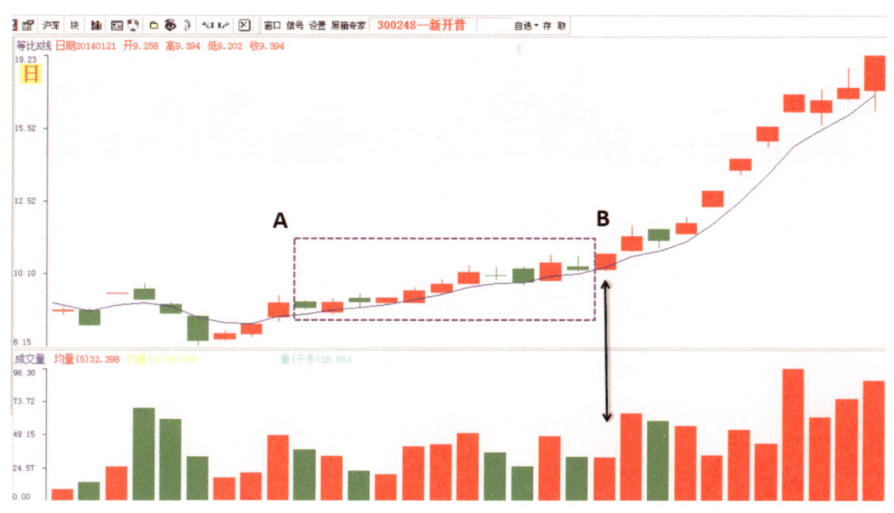

图 7.2.A 新开普日线走势图

如图 7.2.A 所示，300248—新开普也是这样的走势，股价一路下跌之后震荡上涨，从 2014 年 1 月 16 日（A 点）开始站在 5 日 EXPMA 线之上，在 11 天之后，也就是在第 12 天出现了缩量的阳线（图中 B 点），然后股价开始拉升。其实这只股票还有几次买点，均在 B 点之后阳线缩量的位置，但是它们都不是最佳买点，因为它已经拉升出现过涨停了，而最佳的买点在前面未出现涨停的位置。

我们可以利用这样的形态和方法选股：收盘价连续 10 日在 EXPMA 线附近，出现缩量阳线，就是我们最佳的买点。通过这种方法，我们可以找到很多上面所讲的这种疯狂的股票。

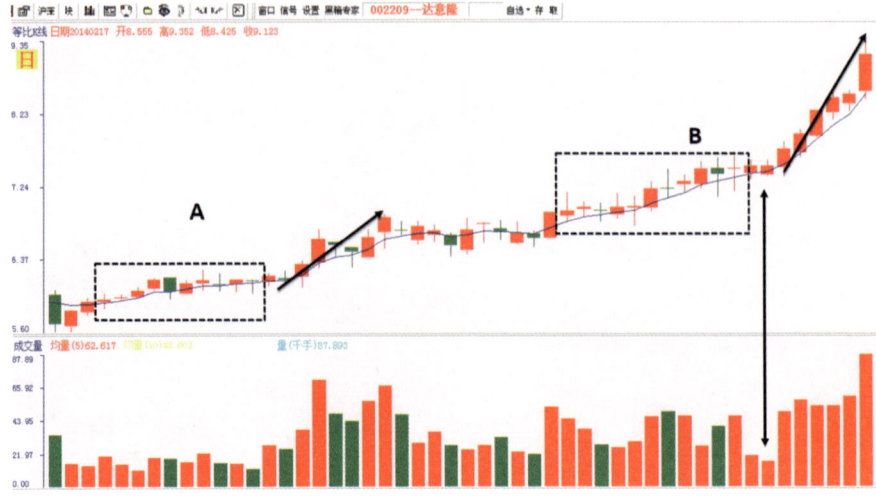

图 7.2.B 达意隆日线走势图

图 7.2.B 是 002209—达意隆 2013 年 12 月到 2013 年 2 月的日 K 线走势图。我们可以看到，这只股票的形态很漂亮，一直是小阴小阳上涨的走势，它的主力控盘的时间非常长，震荡完之后拉升。其实这只股票并不是最佳，为什么？因为在最前面的位置差不多也是 10 天小阴小阳震荡（框线 A），出现之后股价也开始拉升，但是拉升得并不多。这就说明主力控盘力度不强，因为主力在控盘之后想拉，却没有拉起来。即便是后面再开始涨，也不会涨太多。所以后面连续上涨两周，获利在 40% 左右。

如图 7.2.C 是 000156—华数传媒从 2015 年 1 月 5 日到 2 月 17 日的日 K 线走势图。这只股票的形态也很漂亮，小阴小阳加上大量的十字星横盘（框线 A），股价在震荡完之后开始第一波拉升，拉升之后出现横盘（框线 B），股价横盘运动一段时间后，在箭头处（2015 年 6 月 11 日）出现缩量阳线，随后股价开始出现连续上涨，开始第二波拉升，同样获利在 40% 左右。

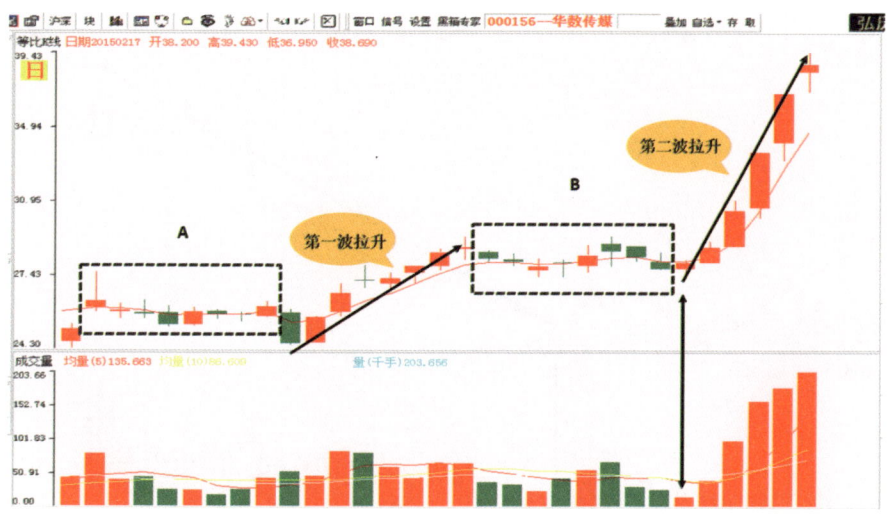

图 7.2.C 华数传媒日线走势图

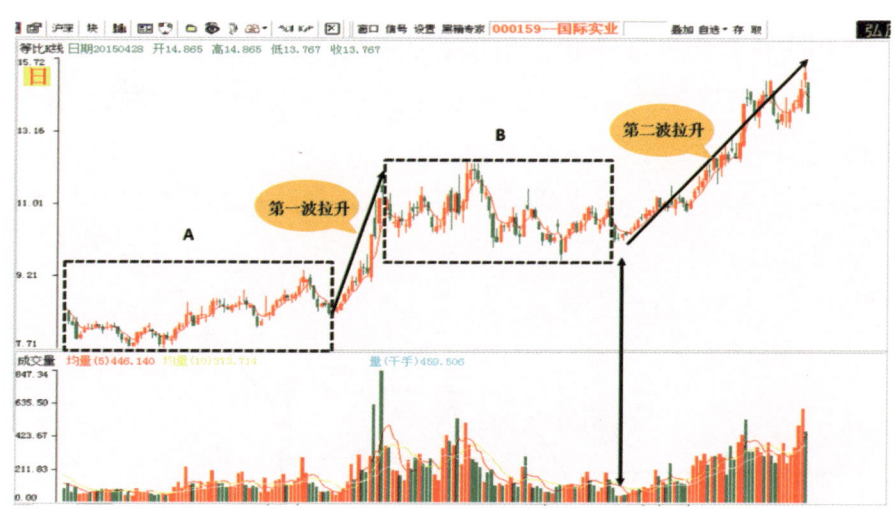

图 7.2.D 国际实业日线走势图

图 7.2.D 是 000159—国际实业 2014 年 6 月到 2015 年 4 月的日 K 线走势图。我们可以看到，同样的形态，在长期的走势中也十分明显。股价经过四个月的横盘（框线 A）之后开始第一波拉升，14 个交易日之后股价再次开始横盘（框线 B），直到 2015 年 2 月 10 日（箭头处）出现缩量阳线，我们把上面案例中的走势放大，如图 7.2.E：

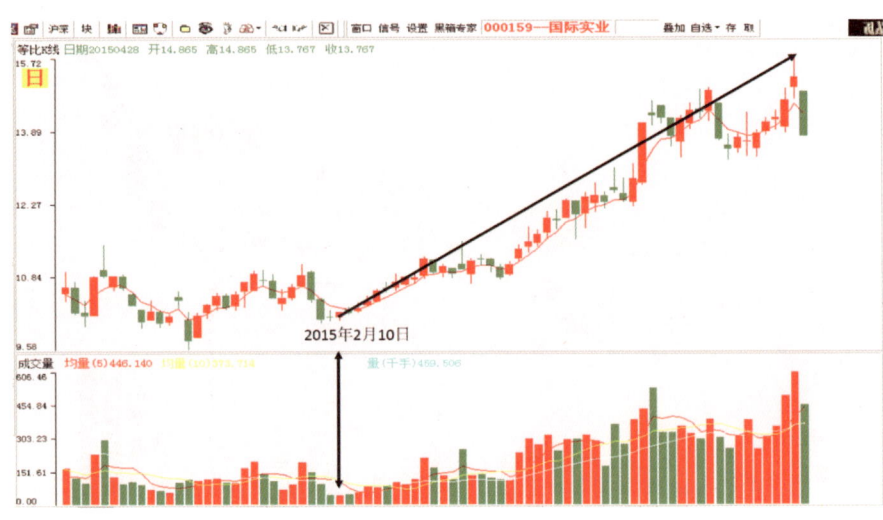

图 7.2.E 国际实业走势放大图

图中在 2015 年 2 月 10 日出现缩量阳线之后，股价进入长时间的拉升，如果投资者在 2015 年 2 月 10 日缩量阳线这天买入，将获利超过 60%。

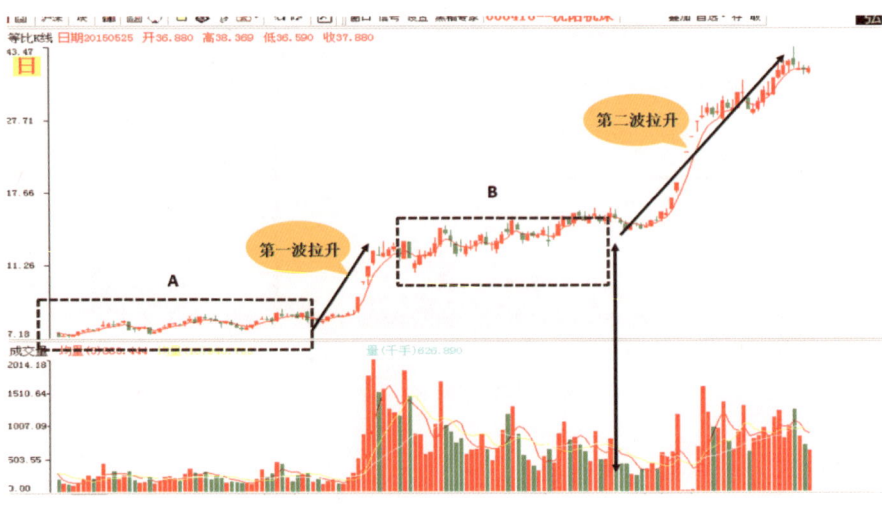

图 7.2.F 沈阳机床日线走势图

图 7.2.F 是 000410—沈阳机床日线走势图 2014 年 8 月到 2015 年 5

月的日K线走势图，股价经历了三个月的横盘（框线A）之后开始了第一波上涨，涨幅超过50%。上涨之后股价进入了长达两个月的横盘走势（框线B），在2015年2月10日（箭头标示处）出现缩量阳线。在这根缩量阳线出现之后，股价立刻开始了第二波上涨，迅速拉升，出现多个连续的涨停板。最终股价涨幅达到了178%！第二波上涨时如果我们能从箭头处低点买入，获利将会何其丰厚！

小　结

上一节中我们讲到了疯狂股票的特征，本节中也列举了近年来一些疯狂的个股的例子，从中整理它们在走势上的共性，从而能够在实际操作中选出这种股票，这种方法实际上也是从时空的角度出发来选股的。

在实战操作中，把握这些疯狂股票的特征，并将它们从茫茫股海中挑选出来，抓住转瞬即逝的买入良机，你会发现，获利变得非常容易。

结束语

　　人无完人,股无完股,一把钥匙只能开一把锁,一个方法只能解决一个问题。所以学任何一个方法的时候都要知道,它有优点,也有缺点。

　　例如行军打仗时,军营里既有骁勇善战的人,也有懦弱胆小的人,但善于用人的将军就会让勇敢的人去冲锋,因为骁勇善战的人无所畏惧,遇到敌人不会退缩;让懦弱的人来放哨,因为他胆小懦弱,一有什么风吹草动,就会立刻回来报信。

　　但是如果反过来,让勇敢的人去放哨,那么他看到敌人可能直接就冲过去了,这样就没有人回来报信,贻误战机;让懦弱的人去冲锋,可能还没等敌人冲过来他就投降了。

　　打仗如此,炒股更是如此。在不恰当的地方用不恰当的方法,就好比让诸葛亮去冲锋陷阵而让张飞坐镇中军一样,委实可笑。当然如果你这么做了,最终只能得到一个并不好笑的结果,这是无数投资者血与泪的教训。

　　作为投资者,我们不单要学习和掌握炒股的方法,更要清楚这种方法有什么样的优势和劣势,明白它适用于什么样的情况。在合适的地方用合适的方法,是股市中获利的不二法门。为什么很多投资者方法学了一大推,笔记做了一箩筐,到最后在股市中该赔钱还是赔钱?原因就在于此。

时空对数法则

股市就是一把金库的锁，找准开锁的钥匙，就能轻松地获得回报，而找不到钥匙的人就永远只能在金库大门外徘徊，投入大把大把的时间和精力却得不到回报，只能看着别人的收获眼红。好的方法还需正确的使用才能发挥应有的效果，所以，广大投资者要分清本末，才能在股市中看破假象，抓住本质。

希望本书的读者能够从这本书中有所收获，更希望你们能够把书中的收获用在股市中，最终能够在股市中获得收益！

后　记
——阅读是一种智慧

☆如果猩猩会读书

文字，实在是人类历史上最伟大的发明。

文字产生了书籍，书籍使传承变得更有效率；传承产生了智慧，智慧使人类统治了地球。就像高尔基所说："书籍是人类进步的阶梯。"书籍是知识得以传承的基石，是人类文明发展和延续的载体。

人类一直以万物之灵自居，一直是自然界最具智慧的种族，但你是否思考过这样一个问题：人类的智慧来自于哪里？

在探究这个问题之前，我们不妨先来看下面一组事实：

1. 黑猩猩会制作和使用简单的工具。

2. 鹦鹉对图形的记忆力非常出众，甚至能做数学题。

3. 章鱼特别善于模仿，并且能够通过思考来解决复杂的问题。

4. 大象有家族和自我的概念，并且记忆力很好。

5. 海豚除了有自我认知和死亡的概念，还有强烈的同情心和好奇心——恐怕这也是许多人被他们拯救的原因。

6. 逆戟鲸有复杂的逻辑思维和丰富的情感，甚至会表现出鲜明的"个性"。

尽管很聪明，也仅是动物的智慧。这些"不学无术"的家伙们的智

模型理论 2

时空对数法则

慧只能达到这样的程度。

那么，人如果不读书呢？

鲁德雅德·吉卜林曾写过一本叫做《丛林奇谈》的书（或者有些人看过由这本书改编的迪士尼动画《丛林王子》），书中讲述了一个由野兽抚养长大的男孩"莫格利"的故事，故事本身或许玄奇梦幻，但素材却是取自于现实。

来自网络上的数据显示：截止到20世纪50年代末，科学上已知有30例孩童在野外长大的案例，这些案例中大部分孩童都是由野兽抚养长大，其中最著名的就是印度"狼孩"。

但这些孩子无一例外像野兽多过像人，并且其智商大多只有三到四岁的程度。除非这些在不同时期，不同地区发生的案例中的"莫格利"都非常巧合的在先天上有缺陷的话（当然，提出这种可能仅是出于对概率学的尊重），那么我们可以证明：把人类放到野兽的环境中，他也只会成为野兽而不是人，甚至不会体现出智商上的优越性。

人之所以成为人，并非天生高贵或者智商超群，而是因为知识和经验的传承，而传承的最主要方式就是学习，学习的最主要方式就是阅读。所有的知识、经验、智慧和技能都可以通过阅读来获得。

所以智慧来自于阅读。

我们有理由相信，如果黑猩猩能够学会阅读的话，它们将有可能进化为真正的智慧生物。

☆别让阅读如此难熬

当我们在生活中遭受挫折而有感于自己能力的不足时，当我们不安于现状而渴望获得更多时，学习往往就是摆脱困境或者谋求进步的最佳方式。

我们翻开一本书，往往是因为意识到了自己需要掌握这些知识，或者意识到了书中的这些知识的价值。

理智告诉我们需要汲取这些知识，但当我们硬着头皮翻开书，那些密密麻麻的蝇头小楷只会让我们感到厌烦，犹如催眠的歌声一般放大我们的疲倦和困意。实际上，就在不久之前，笔者的一个朋友还对我说我推荐给他的床头读物治愈了他的失眠症。

笔者由衷地为他可以睡个好觉而感到高兴，同时也为这位朋友的阅读习惯感到惋惜——在笔者看来，他根本不懂该如何读书。

☆一本书的正确打开方式

为何阅读对我们来说如此难熬？

原因有很多，但最重要的一点是兴趣，在做大多数事情的时候，疲惫与困倦都是产生在厌烦的基础上，很多时候我们并不是真的累了，而是无聊和厌烦让我们感觉到疲惫，人在做他感兴趣的事情的时候从来不会疲惫。

阅读也是如此，对于一本书来说，如果你并非真的喜爱其中的内容或者需要其中的知识，就不要翻开它，除非你也想靠它治愈失眠症。

很多时候选择一本你真正感兴趣的书才是成功阅读的第一步，强行阅读一本自己不喜欢的书无疑是一种自我折磨。

另外，当你觉得阅读让你感到疲惫或者不快时不妨换个时间，换个方式来试试。

如何保持你对一本书的兴趣？

关键在于心态，如果你想达到较好的阅读效果，就千万不要强迫自己读书。在读书时，找一个让自己舒服的心态远比找一个让自己舒服的姿势更能提高效果。

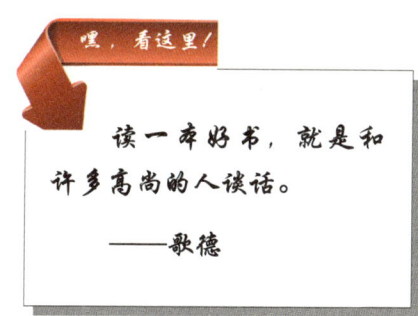

良好的读书心态能够让我们长时间的保持对阅读的热情，反之，不好的心态只会让我们在阅读时心情越来越糟糕。

时空对数法则

一本好书既像朋友又像老师，我们不应该为了读书而去读书，最好是抱着自我提升的心态，慢慢地去阅读，要让读书成为一种享受。

在阅读时还需要注意的一点就是最好要有明确的阅读目的（当然，小说、杂志这一类文学作品不在此列），《庄子·养生主》中有这样一段话："吾生也有涯，而知也无涯。以有涯随无涯，殆已！"说的就是人生短暂，而知识是无穷无尽的，如果不能明确自己的目的，只汲取对自己有用的知识，眉毛胡子一把抓的话，最终只能"殆矣"。

所以用有限的时间去尽可能获取对自己最有用的知识，才是阅读最重要的意义，也是最难把握的一点。

《三国演义》中水镜先生司马徽向刘备推荐诸葛亮的时候有这样一段话："孔明与博陵崔州平、颍川石广元、汝南孟公威与徐元直四人为密友。此四人务于精纯，惟孔明独观其大略。尝抱膝长吟，而指四人曰'公等仕进可至刺史、郡守'众问孔明之志若何，孔明但笑而不答。每常自比管仲、乐毅，其才不可量也。"

诸葛亮以智名闻天下，天赋并不一定比它的几位好友要高，但为何最终成为"功盖三分国，名成八阵图"的诸葛武侯？原因就在于读书之法，他的几位好友是"务于精纯"，唯独诸葛亮是"观其大略"，这就是读书目的的不同。

务于精纯是为学之道，观其大略是为实之道，一个强调深度，一个强调广度，对于大多数人来说，两者间并没有本质上的优劣之分。从股市学习的角度讲，依前者读书可为专才，依后者读书可为通才，如果你想成为某一方面的专家学者，就"务于精纯"通于一道，达于一道，能人所不能，但在处理实际问题的能力方面难免有所欠缺。

而如果想要成为实践派大师，就需要知识面足够宽阔，在读书时就要注重对知识的全面性掌握和知识领域的开拓。只有拥有渊博的知识，才能对股市中的各种现象及成因了如指掌，面对股市中的变化才能够波澜不惊、从容应对。

这就是阅读目的的重要性。笔者的建议是：如果你真的需要某一方面的知识的话，最好培养自己在这方面的兴趣和爱好，就像孔子说的："知之者不如好之者，好之者不如乐之者。"兴趣永远是阅读的最佳动力。

> 嘿，看这里！
>
> 播种行为，可以收获习惯；播种习惯，可以收获性格；播种性格，可以收获命运。
>
> ——萨克雷

对于阅读，最后还要提及的一点就是阅读习惯，阅读时的习惯对一个人的影响是巨大的，养成好的阅读习惯将有助于提高阅读的效率，因为每个人都是独一无二的，所以不能武断的认为什么样的习惯是好的阅读习惯，因为同样的习惯，在一些人身上会起到正面的效果，而在另一些人身上则会完全呈现负面效果。

但发现并培养对自己有利的读书习惯是增加阅读趣味性，提高阅读效率的好方法。

下面笔者列举一些适用面较广的阅读习惯，希望能够对各位读者有所帮助。

1.书籍不要完全堆在书架上，那样它们只会起到装饰作用（当上面落满灰尘时甚至连装饰作用都不会有），把你正在读，经常读或者喜欢读的书放在你的"身边"，比如床头柜、沙发、茶几、车里甚至随身携带，这样当电视剧中插播广告或者堵车时你就可以拿出书来读一读。

很多好书是值得随身携带的，晋朝有一本记录用常见草药或方法处理急性病症的医书，因为作者认为很值得随身携带，就给它命名为《肘后备急方》，因为古代的衣服都是宽袍大袖，装东西都是装在袖子里面肘后的位置，如果是在今天写成估计会被叫做《兜里必备急救指南》。

2.找到适合自己的读书方法，比如流传较广的"三遍读书法"、"兴趣阅读法"等，也可以借鉴名人的经验，比如鲁迅先生的"跳读"法；舒庆春老先生（老舍）的"印象"法；著名数学家华罗庚的"厚薄"法；

散文作家余秋雨的"畏友"读书法等。当然，别人走过的路可以借鉴，但最适合自己的读书方法还需要每个读者自己去探索。

3.养成做读书笔记的习惯，或者读完一本书后随手写下心得，这样以后可以只通过寥寥数语的笔记就想起书中的知识。也方便以后"温故而知新"，回忆起初次阅读时的感受也许会有新的体悟。

就像毛主席的老师徐特立老先生说的那样："不动笔墨不读书。"

阅读是掌握前人智慧和经验的最好方法，也是谋求自身进步和发展的最好方法，每个人都需要阅读，为什么要让阅读成为一种煎熬呢？

笔者希望这本书能够给大家带来知识的同时带给大家愉快的阅读体验。

如果您对本书中的内容有任何疑问或者建议，可以扫描下面的二维码添加模型理论公众号，与我们进行沟通。